新潮文庫

人間について

ボーヴォワール
青柳瑞穂訳

新潮社版

833

目次

第一部

第二部

人間について

かの婦人に

プルータルコスの語るところによれば、一日、ピリュウス（訳注　紀元前三世紀のエピロス王。側近にあった賢者シネアスの諫言《かんげん》を省みず、ローマ人としばしば戦闘を交えたが、ギリシアに征して、アルゴス占領の際、一老婆《ろうば》が屋上から投げつけた瓦《かわら》に頭を打たれて死んだ）は、外征の計画をたてて、《まず手はじめに、ギリシアを征服しよう》と言われたそうです。そこで、シネアスが、《では、その次には？》と、訊《たず》ねたところ、《アフリカを手に入れよう》――《アフリカの次には？》――《アジアに渡って、中央アジアを、アラビアを侵略しよう》――《では、その次には？》――《インドまで行こう》――《インドの次には？》――《ああ！》と、ピリュウスは嘆息をもらして、《休息いたそう》――《なぜ？》と、シネアスは言いました。《今すぐ休息なさらないのですか？》

どうやら、シネアスは賢者のようです。どうせ自分の家に戻って来るためなら、出発したってなんの得がありましょう？　中止しなければならないものなら、開始したってなんの益がありましょう？　そのくせ、もしもわたくしがどこかで立ちどまることを最初に決めておかなければ、出発することはなおさら空《むな》しく思われるに相違ありません。《ぼくはAなんて言わんよ》と、小学生が頑固に言いはります。《どうしてなの？》――《だって、Aの次には、Bと言わなければならんもの》この小学生は、始めたが最後、絶対に終らないであろうことを承知しているのです。つまり、Bの次には、アルファベット全体であり、シラブルであり、単語であり、書物であり、試験であり、職業であります。瞬間ごとに、新しい課業が現われ、それはまた彼を新規の課業の方に投げて、息つくひまもありません。こうして、絶対に終らないものだとすれば、始めたところでなんの甲斐《かい》がありましょう？　バベルの塔の建築技師でさえ、空は天井であり、いつかはそれに届くことができると考えていました。たとえピリュウスが、己れの侵略地点の限界を、地球の彼方《かなた》、星の彼方、最も遠い星雲の彼方、たえず自分の目の前を逃げて行く無限の中まで拡《ひろ》げることができたところで、彼の計画など、いよいよ無意義にしか終らないでしょうし、彼の努力にしても、ただ分散するだけで、どんな目的の中でも集合することなどありますまい。反省の立場から見れば、だから、人間のどんな計画も不合理なものに見えます。なぜなら、計画というのは、限界が決定されて、初めて存在するもので、しかも、この限界を、人はいつだって越えることができるからです。《なぜここまでなんだろう？　なぜもっと遠くてはいけないのだろう？　これぽっちりじゃ仕方がないではないか？》などと、からかい半分にわれとわが身に訊ねながら。

《いかなる目的とて、いかなる努力も払うに値しないと、私は思っていた》とは『バンジャマン・コンスタンの偉大と悲惨』の主人公の言葉です。反省の声が自分のうちに目ざめる時、とかく青年はこう考えがちなものです。その青年も、子供の時分は、ピリユウスに似ていました。彼は質問など自分に課することなく、飛んだり跳ねたりしたものです。そして、彼が創《つく》りあげる目的物は、絶対的な存在を与えられているかに思われ、その目的物は、各自の存在理由を、それ自らのうちに持っていたものでした。ところが、彼は自分自身の目的を越える能力を持っていたことを、ひと日、発見するに至ったのです。つまり、もはや、目的など存在しないのです。もはや、彼にとっては空虚な仕事しか存在していないのです。そんな仕事を彼は拒絶します。《サイコロには仕掛けがしてある》こう彼は言います。彼は自分の先輩たちを軽蔑《けいべつ》の目で見ます。——彼らが自分たちの計画を真にうけるなんて、そんな馬鹿《ばか》なことがあるだろうか？　みんなおめでたくできているのだ、と、思うわけなのでしょう。或《あ》る人たちは、この嘲弄《ちょうろう》的なオトリに見きりをつけるために自殺しました。じっさい自殺は埒《らち》をあける唯一《ゆいいつ》の方法ですからね。なぜなら、シネアスがわたくしにうるさくつきまとって、《では、その次は？　だめ、だめ、そんなことしたって》などと言ったところで、わたくしが生きているかぎり、それは無駄なことだからです。遺憾ながら、心臓はときめき、腕は鳴り、新しい計画はつぎつぎに生れて、わたくしを前へ前へと押しやります。賢者たちは、この妄執《もうしゅう》のなかに、人間の救うべからざる痴愚のしるしを見ようとしました。それにしても、かくまでに本質的な錯乱は、なおかつ、錯乱と呼ばれうるでしょうか？　人間の真実性がもし人間のうちにないとすれば、いったい、われわれはそれをどこに見出《みいだ》すのでしょうか？　反省もわれわれの自発性の躍進を阻止するわけにはいきますまい。

ところが、反省もまた自発的なのです。人間は木を植え、家を建て、国を征服します。人間は欲し、愛します。いつもながら、かならず、一つの《その次は？》があります。一瞬一瞬、人間はつねに新しい熱情をいだいて、新しい計画のなかに身を投げるのだと言えます。こうして、ドン・ファンが一人の女を棄《す》てるのは、別の女を誘惑するためにほかなりません。しかし、そのドン・ファンでさえ、いつかは疲れる日が来ます。

ピリュウスとシネアスの対話は、くり返し、くり返し行なわれて、尽きることを知りません。

それにしても、ピリュウスは決めなければなりません。停止するか、出発するかです。もし停止するとすれば、彼は何をするのでしょうか？　もし出発するとすれば、彼はどこまで行くのでしょうか？

《われらが庭を耕すべし》とはカンディッド（訳注　ヴォルテールの同名の小説の主人公。波瀾《はらん》の多い生涯ののち、隠遁《いんとん》して、つつましい農耕生活に余生を過す）の言葉です。この諫言《かんげん》は、われわれにとって、それほど役にはたたないでしょう。なぜなら、わたくしの庭とはなんなのでしょう？　全世界を耕していると広言している人たちがあります。また別の人たちは、一個の植木鉢をさえ広すぎると思うでしょう。或る人たちは、《あとは野となれ山となれ》などと平気で言うかと思うと、シャルルマーニュ大帝のごときは、攻めよせるノルマン人の船を見ると、臨終の床にありながら、泣いたではありませんか。自分の靴に穴があいていて、水がしみると言って、腹をたてている女がいます。わたくしが彼女にこう言ったとします。《そんなことがなんです？　シナの奥地では数百万の人間が飢餓のために死んでゆくことを考えてごらんなさい》すると、彼女は色をなして、わたくしに答えます。《彼らはシナにいるのです。そして、穴のあいているのは私の靴です》ところが、ここにまた別の女がいて、シナの饑饉《ききん》の恐ろしさに泣いています。そこで、わたくしが彼女にこう言ったとします。《そんなことはどうだっていいでしょう？　あなたが空腹じゃないのですから》彼女はわたくしを軽蔑して眺めます。《私自身の安楽などどうだってかまいません》と。こんな調子では、わたくしのものがなんであるかなど、どうして分りましょうや？　キリストの弟子たちは訊ねたではありませんか、わが隣人はたれであるか？　と。

では、いったい、人間の尺度はなんでしょうか？　どんな目的を人間は立てることができるのでしょうか？　そして、どんな希望が人間に許されるのでしょうか？

第一部

カンディッドの庭

ひとりの子供が泣いていました。聞けば、門番の男の子が死んだからだそうです。その子供の両親たちは平気で泣かせておきました。しかし、そのうち、とうとう癇癪《かんしゃく》をおこしたのです。《ばかばかしい。あんな子は、お前の兄弟ではなかったじゃないか》そこで、子供は涙をふきました。しかし、ここには危険な訓戒があったのです。他人の子のために泣くなんて無駄なことだ。——それはそれとしても、では、なぜ、自分の兄弟のためには泣くのでしょうか？　喧嘩《けんか》騒ぎに入ろうとする亭主を、女房がしっかとつかまえて、《お前さんなんかの出る幕じゃないよ》と言います。亭主はおとなしく、その場所をひきあげます。しかし、数刻後に、今度は女房のほうが、《私は疲れた。私はさむい》とかなんとか言って、亭主の助力を求めたとすれば、亭主は自分が今さっき閉じこめられたあの孤独のただ中から、びっくりして女房の顔をうち眺め、《これがおれの出る幕なのか》と考えます。インドがなんでしょう？　ましてエピロス国がなんでしょう？　そのくせ、この土地を、この女房を、この子供たちを、わたくしのものと呼ぶのはなぜでしょうか？　わたくしがこの子供たちを産みました。彼らはそこにいます。女房はわたくしのわきにいます。土地はわたくしの足下にあります。つまり、彼らとわたくしの間には、何らの絆《きずな》も存在していないのです。このように、カミュ氏の「異邦人」は考えます。彼は自分にとって完全に無縁であるこの全世界において自分を異邦人だと感じます。不幸の中にいると、とかく、人間はこうして自分の愛着をことごとく否認するものです。彼とて不幸を望みません。どうかして不幸を避けようとします。彼は自分の裡《うち》を眺めます。すなわち、彼はそこに無頓着《むとんじゃく》そうな肉体を見、普段どおり、規則ただしいリズムで鼓動する心臓を見ます。一つの声が言います。《われは存在す》と。不幸はそこには在らで、あの荒れはてた家の中に、あの死んだような顔の上に、あの街路のなかにいるのです。もしわたくしが、自分自身の裡に戻るならば、わたくしはあの活気のない街路を呆然《ぼうぜん》と眺めながら、言います。《だって、おれの知ったことじゃない。あんなの、無いも同じだ》わたくしは、無頓着で、太平楽な自分をふたたび見出《みいだ》します。《それにしても、何か変ったことでもあったのだろうか》と、一九四〇年の九月（訳注　フランスがドイツに降服した時）にあの出無精の小市民が、家具に埋まりながら言ったことです。《みな相かわらず同じようなビフテキを食べているじゃないか》変化は外側にしか存在していなかったのです。その変化が彼になんの係わりがありましょう？

かりにわたくし自身、一つの物でしかないとすれば、じっさい、何ごとといえども、わたくしにはなんの係わりもないはずです。もしもわたくしが自分の中に自分を閉じるならば、他のものもまたわたくしにとって閉ざされたものになります。事物の無気力な存在は、切り離されていて、独りぼっちなのです。世界とわたくしの間には、既成のいかなるツナガリも存在しません。自然の胸にあるかぎり、わたくしは単なる与件で、何ものといえどもわたくしのものではないのです。その国にあって、もしわたくしがただ単に植物のように生長したのだとすれば、その国はわたくしのものではありません。たとえ、わたくしの上に建っているものでも、自我なしでは、わたくしのものではありません。つまり、家屋を受動的に支えている石は、その家屋が自分のものだと主張するわけにはいきますまい。カミュ氏の「異邦人」が、外側から着せようとするこうした絆を、ことごとく拒絶するのは当然なことです。どんな絆とて最初から与えられているわけではないのですから、もし人あって、《わが絵、わが庭、わが職工》と嘯《うそぶ》きながら、対象物とのまったく外面的な関係に甘んじているとすれば――それというのも、一つの契約が、これらの対象物に対する或《あ》る種の権利を彼に与えたわけですから――彼は自ら甘いエサにひっかかろうとするようなものです。彼は地上に己れの場所を拡《ひろ》げ、己れの存在を、己れの肉体の限界、記憶の限界の向うにまで膨張させたいのでしょうが、そのくせ、なんら行動の危険を冒そうとはしないのです。ところが、対象物は、彼の面前に、依然として、無関心に、他人らしくしているのです。社会的、有機的、経済的関係は、外面的な関係でしかなく、一つとして真の所有を打ち建てることはできますまい。

われわれのものでない富を、危険なしに奪うためには、また別の策略に頼ります。わが家の煖炉《だんろ》のほとりに坐《すわ》り、新聞でヒマラヤ登山の記事を読みながら、あののんびりした市民は得意げに叫びます。《やあ、人間にはこんなことができるんだぞ！》彼は自分でヒマラヤ山に登ったような気がします。自分の性《セックス》に、自分の国に、自分の階級に、人類全体に同化することにより、人は自分の庭を拡げることができます。しかし、彼は言葉で拡げたにすぎず、この同化は空虚な言種《いいぐさ》でしかありません。

わたくしがその裡に自分の存在を認めるもののみが、わたくしのものなのです。そして、わたくしが自分の存在を認めることができるのは、それが参加している場合でしかありません。一つの客体がわたくしに属するためには、それがわたくしによって打ち建てられたものである必要があります。つまり、わたくしがその客体を、その全面性において打ち建てた場合にのみ、その物は全面的にわたくしのものなのです。完全にわたくしに属している唯一《ゆいいつ》の現実というのは、とりもなおさず、わたくしの行為です。つまり、わたくしのものでない材料で作りあげられた作品は、早くも四方八方へと、わたくしから逃げ去って行きます。わたくしのものであるもの、それはわたくしの計画の完遂です。すなわち、もしわたくしが勝利のために戦ったとしたら、勝利はわたくしのものなのです。もし疲労困憊《こんぱい》した征服者が、自分の息子の勝利をたのしむことができるとすれば、それは自分の偉業を延長するために一人の息子を欲したからにほかなりません。まさしくこれは父親自身の計画なのでした。今もって彼はその完遂を祝しているわけなのです。他人とわたくしとの間の相違がなくなって、わたくしが他人をわたくしのものと呼ぶことができるのは、わたくしの主観性が無気力だからでも、ちぢこまっているからでも、切り離されているからでもなく、むしろ反対に、他人に向って運動しているからなのです。わたくしを他人に結びつける絆を、わたくしは自分一人で創《つく》ることができます。わたくしは一つの物ではなく、わたくしから、他人に向う一つの計画であり、超越性であるという事実から、わたくしはこの絆を創るのであります。そして、この力を「異邦人」は認めないわけなのです。なるほど、いかなる所有も与えられていません。ところが、世界に対して他人顔をする無関心もやっぱり与えられていないのです。だいいち、わたくしは物ではなく、自発性なのです。希望し、愛し、欲望し、行動する自発性なのです。《あの子はわたくしの兄弟ではない》かもしれません。しかし、もしわたくしが彼のために泣くとすれば、もはや、彼はわたくしにとって異邦人ではありません。それを決定するのはわたくしの涙です。何ひとつとて、わたくし以前には決定されていません。わが隣人はたれか？　と、弟子たちがキリストに訊《たず》ねたとき、キリストはいちいち名を挙げて答えたわけではなく、あのサマリヤ人の寓話《ぐうわ》を物語ったのです。或る行倒れの男に自分の外套《がいとう》を着せて、助けてやったサマリヤ人が、その男の隣人だったのです。つまり、人はたれの隣人でもないのです。人は一つの行為によって自分を他人の隣人にするといった塩梅《あんばい》に、他人から隣人を作るわけなのです。

わたくしのものであるのは、だから、まずわたくしのなすことであります。しかし、わたくしがそれをなすや否《いな》や、たちまち、相手はわたくしから離れます。わたくしから逃げ去ります。わたくしが先ほど表明したあの考えは、今もってわたくしの考えでしょうか？　この過去がわたくしのものであるためには、この過去をわたくしの未来の方へ運んで行くことによって、時々刻々、たえず新たにそれをわたくしのものたらしめる必要があります。わたくしの打ち建てたものでないゆえに、過去においてはわたくしのものでない対象物でさえ、その上に何ものか打ち建てることによって、わたくしのものたらしめることができます。わたくしは自分の協力しなかった勝利をよろこぶこともできます。もしもわたくしがその勝利をわたくし自身の侵略の出発点とすればです。わたくしの建てた家でなくとも、もしもわたくしが住むなら、わたくしの家になり、地面も、もしもわたくしが耕すならば、わたくしの地面になります。事物とわたくしの関係は、あらかじめ与えられているわけではありません。かたまっているわけではありません。わたくしは、その関係を、一瞬一瞬に創造するのです。或る関係は死に、或る関係は生れ、また他の関係は復活します。ひっきりなしに彼らは変化します。おのおの新しい追越しが、たえず新たに、追い越された物をわたくしに与えます。そして、技術が世界を専有する方法であるのはこの理由によります。すなわち、空は、飛ぶことのできる人のものであり、海は、泳ぎ、航行することのできる人のものです。

このように、世界とわれわれとの関係は、初めから決定されているのではありません。それを決定するのはわれわれです。しかし、何ごとであろうと、われわれは勝手に決定するわけではありません。わたくしが追い越すもの、それはつねにわたくしの過去であり、そして、この過去のただ中に存在しているままの客体なのです。わたくしの未来はこの過去を包含し、この過去なしに未来は己れを築くことができません。

シナ人は、わたくしが彼らの不幸に涙を流す瞬間から、わたくしの兄弟になります。だからといって、誰でも無闇《むやみ》にシナ人のために涙を流すわけではありません。もしわたくしがバビロン市のことなど念頭にかけたことがなかったとすれば、バビロン市の遺跡に関する最近の学説に、わたくしが突如として興味をいだくに至るということはありえません。もしわたくしが敗戦国に参加していなければ、わたくしは敗戦を感ずることはできません。つまり、わたくしは自分の参加の度合で敗戦を感ずることになります。たとえば、自分の祖国なり、自分の司令官なりの運命と、自分の運命を混同した者は、敗北に際して、《わが敗戦》と言うことができるでしょう。一つの土地にあって、食べることと眠ること以外には何ひとつせずに生きてきた人間は、異変に際しても、そこに習慣の変化しか見ないでしょう。これまで念頭におかれることなしに営まれた参加を、或る新事実の出現によって、人が不意に意識するというのはありうることです。しかし、その場合、少なくとも、その参加は存在していたはずです。事物がわたくしときっかり区別されているかぎり、それはわたくしに届きません。わたくしは、わたくし自身の可能性のなかにおいてしか、決して届かれないのです。

だから、われわれは禁断の富に囲繞《いにょう》されているわけです。そして、しばしば、われわれはこの限界に業《ごう》を煮やします。つまり、われわれは世界がことごとく自分たちのものになることを望みかねないし、また、他人の財産をほしがります。わたくしは一人の年若い女学生と知合いになりましたが、彼女の主張するところによれば、スポーツの世界、賭博者《とばくしゃ》の世界、男たらしの世界、ペテン師の世界、政治の世界は、交互に、併合しあうと言うのです。彼女は自分が経験にうえている一女学生でしかないことも省みずに、これらの領野でいちいち自分を試してみようとしたのです。彼女は《自分の生活をいろいろに変える》ことができると信じていたのです。ところが実は、彼女の生活の単一性が、それらの生活のそれぞれ異なった瞬間を全部一括してしまったわけなのです。プロレタリア階級のわきに並んでいるインテリは、プロレタリアにはなりません。あくまで、プロレタリア階級のわきに並んだインテリなんです。ヴァン・ゴッホの描く絵は、新しくて自由な創造であります。しかし、それは相もかわらず一枚のヴァン・ゴッホなんです。かりに彼が一枚のゴーギャンを描こうとするならば、彼はヴァン・ゴッホによるゴーギャンのイミテーションしか作らないことになります。そして、カンディッドの諫言《かんげん》がおせっかいに終るのもこの理由によります。つまり、わたくしが耕すであろうのは、つねにわたくしの庭なのです。わたくしが自分で耕す瞬間から、この庭はわたくしのものになる以上、こうして、わたくしは死ぬまでその中に閉じこめられているのです。

この宇宙の断片がわたくしに属するためには、ただ、わたくしが実際にそれを耕しさえすればいいのです。人間の活動性はとかく怠慢になりがちです。人間は真の行為を成就《じょうじゅ》する代りに、偽《にせ》の外見で甘んじます。駅馬車の馬の鼻先を飛びまわる蠅《はえ》は、馬車を山の頂上まで曳《ひ》いて行ったのは自分のつもりでいます。演説をぶったり、写真をとったりしながら、ぶらぶら歩きすることは、戦争に、遠征に参加することではありません。或る種の行ないは、それが狙《ねら》っているつもりの目的と矛盾することとさえあります。すなわち、貧困のただ中にあっても、一種の釣合を保たせるような社会制度を設けることによって、その慈善家の婦人は、自分が軽減してやろうと思っている貧困をかえって永続させる結果になります。わたくしのものがなんであるかを知るためには、わたくしが実際になしていることがなんであるかを知る必要があります。

ここに至って、われわれは知ります、カンディッドが、わたくしを閉じこめようとしている庭には、どんなダイメンションも定めることができないということを。この庭はあらかじめ図示されたものではなく、その場所や限界を選ぶのはわたくしなのです。

どうせ、こんな限界など、わたくしを取り囲む無限から見れば屁《へ》でもないからには、その限界を、できうるかぎり、縮めるようにするのが人間の知恵ではないでしょうか？　庭が小さくなればなるほど、いよいよ庭は運命に手がかりを与えなくなるでしょう。だから、人間は、あらゆる計画を放棄すべきです。Aを言うまいとして泣いていた、あの明敏な小学生をまねるべきです。あのアンドラ神のようになるべきです。じっさい、恐るべき悪魔を相手にしての勝利で、精根を使い果したアンドラ神は、原子の大きさに縮まり、沈黙の無関心な水の下、白蓮《びゃくれん》の茎の心《しん》で、世界をよそに生活することを選んだではありませんか。

瞬　間

もしもわたくしが、もはや、一つの物体でしかないとするならば、まさしく、日向《ひなた》ぼっこするだけの場所、わたくしの一呼吸だけの瞬間でしかないとするならば、その時のわたくしこそ、後悔はもとより、あらゆる顧慮、あらゆる危惧《きぐ》から解放されます。もはや、何ものもわたくしを感動させないし、何ものもわたくしに関係ありません。わたくしは、わたくしの生命が満たす、あの一分時にしか結びつかなくなるでしょう。つまり、この一分時のみが、手にさわることのできる獲物《えもの》であり、現存であります。そこには瞬間というものの印象しか存在しません。充実している瞬間の間にはさまって、一種の接続的結合でしかない空っぽの瞬間があります。このような瞬間が結合し流れ去るのを、われわれは辛抱して待っています。そして、充実した瞬間において、われわれは満たされ、いっぱいにされた自分たちを見出《みいだ》すことでしょう。これはアリスティッポスのモラルであり、ホラーティウスの《きょうの日を楽しめ》のモラルであり、ジッドの『地の糧《かて》』のモラルです。この世から、企業から、征服から、身をひきましょう。もはや、いかなる計画も立てますまい。自分たちの家に止まっていましょう。自分たちの享楽《きょうらく》のただ中で休息していましょう。

しかし、享楽は休息でしょうか？　われわれが享楽に出会うのは、われわれの裡《うち》でしょうか？　はたして、享楽はわれわれを満たしうるでしょうか？

《もうけっこう、もうたくさん、それはもう先刻ほど甘美ではないんで》と、マントゥー公は『王たちの夜』を演奏しはじめた音楽家たちに言いました。どんな甘美なメロディーとて、際限もなくくり返されれば、うるさいルフランになってしまいます。初めはこころよかったあの味覚も、やがては、嘔吐《おうと》をもよおさせます。あまりに長い間、そのまま同じでいる不易の享楽は、もはや、一つの充実として感じられません。最後は、完全な欠乏と混同されるに至ります。享楽というのは、わたくしがそのものに自分の現存を感ずるような一つの客体が現存していることです。つまり、享楽は、客体とわたくし自身との相違のただ中に、この二者が現存していることになります。ところで、客体がわたくしに委《ゆだ》ねられるや、たちまち、相違は消えてしまいます。もう客体はなくなって、ただ、無味と倦怠《けんたい》でしかないところの、たった一つの空虚な存在がふたたび入れかわります。わたくしと客体とを引き離していたこの距離のおかげで、わたくしは客体の方へ身を投げることができて、わたくしが運動であり、超越性でありえたわけですが、わたくしがその距離を取りのぞくや否《いな》や、わたくしと客体とのこの凝結した合体は、もはや、一つの物の在りようにおいてしか存在しないのです。ストイシャンが、快楽をも苦痛と同じく、わたくしにとっては、よそごとであり、係わりのないような現実の中に加えるのは無理もないことです。なぜなら、ストイシャンは、現実を、わたくしが自分の裡に永続するまま受動的に放置しておく単純な状態として定義するからです。

しかし、実際において、享楽は、瞬間という窮屈な母岩の中に凝結した与件ではないのです。ジッドも言っているように、おのおのの快楽は、全世界を包み、瞬間は、永遠をふくみ、神は、感覚の中に現存しています。享楽は世界との分離ではありません。それは世界におけるわたくしの存在を仮定しています。そして何より、世界の過去を、わたくしの過去を、仮定しています。快楽は、それが新しければ新しいだけ貴重なのです。時間の単調な背景に力強く上れば上るほど、貴重なのです。それにしても、瞬間が、ただ瞬間だけに限られていたのでは新しくなく、過去とのつながりによって初めて新しくなるのです。この、今しも出現した形状は、それを支えている背景が背景としてそれ自ら判然としている場合のみ、判然としているのです。木陰のすずしさが貴重なのは、日ざかりの道ばたにおいてです。休止は、疲れた仕事のあとの寛《くつろ》ぎです。小山の頂から、わたくしは自分の歩き回った道を眺めます。そして、わたくしが首尾よく山頂まで辿《たど》り着いたことの歓《よろこ》びのうちに現存しているのは、その道全体であります。この休息を価値あらしめるのは、歩行であります。そして、このコップ一杯の水を貴重たらしめるのは、わたくしの渇きであります。享楽の一瞬の中に、全過去が集合するわけです。そして、わたくしはその過去をただ漫然と眺めるだけではありません。つまり、一つの富を享楽するのです。それは、その富を使うことであり、その富と共に、未来の方へ身を投げることです。光を、影を、享楽するのは、緩慢な利得として、光の、影の現存を感ずることです。わたくしは自分の弛緩《しかん》した肉体の中に体力がふたたび生れてくるのを感じます。つまり、わたくしはふたたび出発するために休息しているのです。自分の歩いて来た道と同時に、わたくしはこれから降りて行こうとするあの谷間を眺めます。わたくしは自分の未来を眺めます。どんな享楽も企てなのです。それは過去を追い越します。未来に向って、未来の凝結した形象である世界に向って、過去を追い越します。肉桂《ニッケイ》入りのチョコレートを飲むことは、スペインを飲むことだと、ジッドが、『アンシダンス』の中で言っています。われわれを魅惑するどんな香気も、どんな風景も、それ自らの向う側に、われわれ自身の外側に、われわれを投げ出します。己れに還元されると、もうそれは、味気ない、そらぞらしい存在になるだけです。この存在がふたたび、自身の上にぐんなりくずおれてしまうと、たちまち、享楽は倦怠になります。享楽が存在するのは、わたくしが自分自身から抜け出る時であり、そして、わたくしの享楽する客体を介して、わたくしが世界の中に自分の存在を参加させる時にのみ限られています。ジャネ（訳注 フランスの心理学者、精神病学者）が記述しているところの神経衰弱者たちは、どんなに美しい光景に接しても、無関心の感情しかおぼえません。というのも、彼らの裡には、どんな行動の準備もなされていないからです。花は、摘んで、匂《にお》いをかぐためのものでもなく、道路は、跋渉《ばっしょう》するためのものでもないからです。つまり、花はペンキを塗った金属に見え、風景は、もはや、舞台装飾でしかありません。もはや、未来もなく、追越しもなく、享楽もありません。世界はそのあらゆる厚みを失ったわけです。

　もし人が自分のうちに静止して、世界をのがれようと欲するならば、しぜん、享楽をさえ棄《す》てなければなりません。エピキュリアンたちは、そのことを充分承知していました。彼らが、動揺している快楽を軽蔑《けいべつ》したのも、ひとえに、止静している快楽、純然たる寂静《アタラクシア》を奨《すす》めるためにほかならなかったのです。そして、賢者たるものは自分の肉体をさえ棄てるべきだと主張したストイシャンたちに至ってはなおさらです。わたくしの純然たる内面性以外の何ものもわたくしのものではない、と、彼らは考えていたのです。もはや、わたくしは外側を持っていません。わたくしは、苦痛でさえ触れることのできないような、素裸の現存でしかありません。瞬間のうちに集中されたところの、そして、ただ自分が存在していることばかりを知っているところの、触知されえない噴出でしかありません。かくなれば、わたくしの面前に善も悪もなく、わたくしの裡に不安もありません。わたくしは在ります。そして、何ものといえども、もはや、わたくしにとって何ものでもありません。

このようにして、拗《す》ねている子供は、部屋の隅っこへ行って、言います。《ぼく、どうだっていいや》しかし、ほどなく、彼は身のまわりを眺め、いらいらし、退屈します。生命が収縮する時、それは平和な寂静《アタラクシア》などではなくて、無関心の不安です。自分で自分を去り、自分から遠ざかって、他人を呼ぼうとする無関心の不安なのです。《人間のあらゆる不幸は、一室の中に静止していることを知らないという、ただ一つの事から来る》と、パスカルは言いました。しかし、もし人間が一室にいることができないとしたら、どうなんでしょう? もし人間があらゆる気晴らしを斥《しりぞ》けたとしたら、それこそ、ヴァレリーが呼ぶところの、《生きることの純粋な退屈》のただ中に自分を見出すことでしょう。そして、この純粋は、ヴァレリーのほかの言葉をかりれば、《心臓を即座に止める》ものなのです。

しかし、だからといって、《気晴らし》を云々《うんぬん》していいものでしょうか？　退屈のただ中に見出されるものは、《純粋な状態における現実》であるなどと、ヴァレリーと共に言っていいものでしょうか？　これはヘーゲルが強硬に教示したことですが、外観の底に隠された内面性として、現実を考えるべきでは絶対にないと言うのです。つまり、外観は何ものも隠していない、それは示しているのです。内面性は外面性とちがってないのです。外観はそれ自身が実体なのです。もしも人間が、動かない現存のアトムでしかないとすれば、世界はわがものであり、そして、欲望と憂苦の外観であるなどという錯覚が人間のうちに生れようはずがないではありませんか？　もしも人間が、欲望し、懸念《けねん》することを意識すれば、人間は欲望し、懸念します。もしもピリュウスの存在が、《静止》の存在であるとすれば、彼は出発することなど、夢想だにしえなかったでしょう。ところが、彼はそれを夢想しています。すなわち、彼はそれを夢想するや否や、ただちに出発したのです。《人間は遠方の存在である》と、ハイデッガーは言っています。人間はいつも他所にいるのです。《これが私だ》と、人間が安心して言いうるような、そんな特権的な地点など、世界のどこにも存在していないのです。人間は自分自身より別のものの方に向けられてできています。自分と別のものとの関係によってしか自分でありません。《人間は、瞬間の状態に還元された場合に在るよりも、つねにそれ以上、無限に在るのである》と、ハイデッガーは言っています。どんな考え、どんな眼《まな》ざし、どんな意向も、超越性であります。これは先刻われわれが享楽を考察するに際して見てきたところのことです。すなわち、享楽は、過去を、未来を、全世界を包含します。小山の頂の木陰に寝ころがっている人は、彼の肉体が褥《しとね》としているところの、ここの、この土くれの上にいるばかりではありません。彼は自分の眺望するあの山々に現存しています。彼はまた遠い町々に、不在者として存在しています。彼はこの不在を楽しんでいるのです。たとえ彼が眼を閉じていてさえ、何ごとも考えまいとしてさえ、なおかつ、彼の浸っている、あの不動で無意識な温気とのコントラストによって、彼は自分を自分であると感ずるのであります。世界が彼の面前に現われるにあらざれば、彼は、自分の存在の純然たる単独性《イプセイテ》において世界に現われることなどできますまい。

あれほどまで、人間にとって、どんな楽園も想像しがたいのは、とりもなおさず、人間が超越性だからです。楽園というのは、静止であり、超越性の廃止です。自分を与えて、自分は追い越されることのない一つの形勢です。しかりとすれば、われわれは楽園でどうしようというのでしょうか？　楽園で空気を呼吸しうるためには、楽園が行動に席をゆずって、今度は、われわれが楽園を追い越さねばならないことになります。つまり、それが楽園でないことが必要になるわけです。約束《カナアン》の地の美しさは、それが多くの新しい約束を約束していたからであります。動かない楽園はわれわれに永遠の退屈しか約束しません。ピリュウスが休息を云々《うんぬん》するのは、イマジネーションに不足しているからにほかなりません。ひとたびわが家に戻れば、彼は猟をし、立法し、ふたたび戦争に出かけるでしょう。もしも彼が実際に休息していようと試みるならば、アクビしかしないことでしょう。これは文学がしばしば描いてきたことですが、人間は自分の熱望していた目的に達すると、とたんに当外れを感じ、さてこの次は？ということになります。人は一人の人間にそういくらでも詰め込むことのできるものではありません。人間はおとなしく積み込ませておく船じゃありませんからね。人間の条件は、与えられたものをことごとく追い越すことです。人間の充実性が達せられるや、たちまち、それは過去の中に顚落《てんらく》してしまいます。ヴァレリーが語っているところの、《永遠に未来である穴ぼこ》をぽかんと開けっぱなしにして。マルセル・アルランやジャック・シャルドンヌなどがわれわれに描いて見せてくれる、あの情熱的な恋人たちがそうなんです。すなわち、彼らは、自分たちの恋のただ中に永遠に居すわっていることを望みます。そして、たがいに愛し合うことをやめることなくして、自分たちの孤独な隠れ家に閉じこもってしまうと、ほどなく、双方が絶望的に退屈してきます。《幸福って、要するに、こんなものにすぎなかったのか！》と、『見知らぬ土地』の女主人公は言います。それは、どんな客体でも、どんな瞬間でも、その直接的な現存に還元されると、人間にとって、あまりに僅《わず》かなものだからです。もともと、人間自身さえもが、それだけではあまりに僅かなものなのです。なぜならば、人間は、ただこれだけであると仮定した場合に在るよりは、つねにそれ以上、無限に在ることになるのですから。一つの恋愛を生きることは、その恋愛を横ぎって、新しい目的――家庭、仕事、共通の未来――に向って身を投げることです。人間が企てである以上、人間の幸福は、人間の快楽と同様、企てでしかありえません。幸運をつかまえた人間は、すぐまた別の幸運をつかまえようと考えます。これはパスカルがいみじくも言ったことですが、猟師に興味のあるのは兎《うさぎ》ではなくて、狩猟であります。楽園に住みたいとも思っていない人が、楽園に行けるような努力をしたからといって、その人を咎《とが》めるのは無理というものです。つまり、目的地は、道のどんづまりにおいてしか、目的地でありえないのです。目的地に達すると、ただちに、それは新しい出発点になります。社会主義者は、社会主義国家の出現を希望しています。しかし、もしこの国家が初めから彼に与えられていたら、おそらく彼が希望するのは、別のことだったでしょう。つまり、この国家のただ中にあって、彼は別の目的を考え出すにちがいありません。目的というのは、それはつねに一つの努力の方向であり、帰着点であります。この努力を離れて、いかなる現実も目的でなく、ただ単に、追い越されるためにできている与件にすぎないのです。このことは、世間でよく言うように、相撲ばかりが問題で、賭《かけ》はどうでもいい、と言うことを意味していません。なぜなら、相撲は賭あっての相撲だからです。もし相撲から賭をとりあげたら、あらゆる感覚、あらゆる真実を失います。もはや、それは相撲でなくなり、ばかげた土踏みにすぎません。

くそまじめな人は、計画が目的を決定している以上、計画から目的を切り離し、目的にはそれ自体の価値を認めようと主張します。つまり、価値というものは、人間以前に、人間なしで、世界に存在していると信じているわけで、人間は、それを摘みとりさえすればいいというのでしょう。しかし、すでにスピノザが、そして、ヘーゲルがより決定的に、この偽《にせ》の客観性の幻影を追い払ったはずです。ここにまた偽の主観性があります。これは前者と正反対に、目的から計画を切り離すことを主張し、計画を単なる遊び、気晴らしと見ようとします。この主観性は、世界にいかなる価値が存在していることをも否定するのです。とりもなおさず、この主観性は、人間の超越性を否定して、人間を、その唯一《ゆいいつ》の内在性に還元しようと主張しているからです。欲望する人間、明晰《めいせき》に計画する人間は、その欲望において真摯《しんし》です。すなわち、彼は一つの目的を欲しています。ほかのどんな目的も排して、その目的を欲しています。しかし、彼はその目的に立ちどまるためにに欲するのではなくて、それを楽しむために欲するのです。つまり、その目的が追い越されるために、彼はその目的を欲するのです。どんな目的も同時に出発点である以上、目的の観念は曖昧《あいまい》です。だからと言って、このことは、それが目的として目標されうることの妨げにはなりません。つまり、人間の自由性が在るのは、実にこの権限内なのです。

この曖昧であることが、どうやら、諧謔家《ユモリスト》の皮肉に拍車をかけることになるらしいのです。ピリュウスは、わが家に戻るために出発するなんて、ばかげていないでしょうか？　テニスの選手は、相手からボールを投げ返してもらうために、ボールを投げてやり、スキーヤーは、すぐまたスロープを降りるためにスロープを上って行くなんて、ばかげていないでしょうか？　ただにその目標が己れを昏《くら》ますばかりでなく、相ついで現われる目標とて、前後矛盾し、企ては、自らを壊すことによってしか完成しないのです。

しかし、この場合、諧謔家《ユモリスト》は一つの詭弁《きべん》を弄《ろう》しているのです。彼は人間の活動を、その要素としての諸行為に全部分解してしまうので、その諸行為の並置が、一見、矛盾しているかに見えるのです。もしも彼がこの分解を、純粋な瞬間を見出《みいだ》すに至るまで徹底させたとしたら、その時こそ、あらゆる矛盾は消えて、形の定まらない不統一、純粋の偶然性しか残らなくて、人を顰蹙《ひんしゅく》させることも、びっくりさせることもなかろうと思います。ところが、彼はインチキをしているのです。彼は自分がその総括的な意味を認めようとしない総体のただ中に、相互に反撥《はんぱつ》しあう局部的な意味の存在を支えようとしているのです。スキーヤーは降りるためにしか上らないと、人は言います。これは、とりもなおさず、スキーヤーの上ることを、降りることを、容認していることになります。彼の動作は、でたらめに加えられてゆくものではなく、小山の頂上か、渓谷の底を目標にしていることも容認していることになります。だから、人は、総合的な意義——その方に向って、どんな要素も自らを超越する総合的な意義の存在を、自認しているわけです。そうだとすれば、上り降りが、散歩だの練習だのに向って己れを追い越すような、より広い総体の観念を斥《しりぞ》けることは、まったくもって勝手な決定というものです。決定するのは諧謔家《ユモリスト》側ではありません。それはスキーヤー側なんです。ピリュウスは戻るために出発したとしたら、ばかげているかもしれません。しかし、この終局をここに導いてくるのは、諧謔家《ユモリスト》です。彼は、ピリュウスの計画を、ピリュウスがそれを中止した地点より遠方まで延長する権利を持っていません。ピリュウスは戻るために出発するのではないのです。征服するために出発するのです。この企ては矛盾していません。計画は、それが計画であることを決めるそのままのものです。計画は、自分に与える方向を持っています。つまり、人は計画を外側から決定することはできないのです。計画は矛盾しているものではありません。計画は、それが存在するや否《いな》や、可能であり、筋道が立ちます。そして、一人の人間が、それを存在させるや否や、それは存在します。

かように、知恵は、人間にとって、自分の中に収縮することにあるのではありません。自分の弟子たちに静止の不動性を勧告する賢者でさえ、その勧告を与えることによって、その勧告を裏切っています。つまり、彼は黙っていたらいいのです。お弟子などつくろうとしなかったらいいのです。エピキュールは寂静《アタラクシア》を説教します。ただし、彼は説教をしているのです。説教の必要を説教しているのです。友情を説教しているわけなのです。ストイシャンにしてもこれまた同様、安閑と自分自身の上にアグラをかいているような、そんな呑気《のんき》な自由性の中にはおさまっていません。すなわち、彼は、あらゆる人に向って、彼らの自由性の権限を教えるのです。そして、賢者は、自らが沈黙の価値を絶叫するのを避けている時でさえ、自分自身のただ中に自分を、自分の周囲に世界を、同等の無関心をもって支えることに絶対成功しません。なるほど、彼にとっては、食べることも、断食《だんじき》することも、一帝国を統治することも、無関心であるにちがいありません。それにしても、彼はどれか選ばなければならないのです。食うか、断食するか、君臨するか、譲位するか、どれか一つです。ここにこそ、改宗とか改心とか、そういういっさいの改変の人だまかしの性格があるのです。つまり、わたくしは自分の超越性の運動を批判しても無駄かもしれません。しかし、わたくしとしてはそうせざるをえないわけです。時間は流れつづけます。瞬間はわたくしを前へ前へと押しやります。こうして、今、わたくしは賢者になりました。ところで、さて、わたくしは何をしたらいいでしょうか？　生きているなんてばかげていると、たとえわたくしが思ったところで、やっぱり、生きているのだから仕方ありません。ゼノンがなんと言おうが、アキレスはいつだって亀《かめ》に追いつくようなものです。人おのおのは、各自が世界で占める場所を決定します。ただし、その中の一つの場を占めなければならず、そこから退去することは絶対にできません。賢者は人間のなかの一人の人間です。そして、彼の賢明さえもが、彼自身の計画なのであります。

無限

それならば、なぜカンディッドは、自分の庭になんらかの限界を決めようなどとするのでしょう？　もしも人間が、つねに他所《よそ》にいるものなら、人間は、どうして至るところにいないのでしょう？　もしも人間が世界の果てまで拡《ひろ》がるならば、彼が自分の中に収縮しながら探していた、あの休息を知ることになるのかもしれません？　もしもわたくしが至るところにいるのなら、わたくしはどこへ行ったらいいでしょうか？　ここにおいて運動は、わたくしがどこにもいないのと同じくらい確実に消滅します。《あんな子はお前の兄弟ではなかったじゃないか》と、両親たちは、あまりに感じやすい自分の息子に言いました。彼らはなおも付言しました。《お前は自分の一生の間泣くわけにはいくまい。世界じゅうで、毎日、何千人という子供が死ぬんだからね》われわれの一生の間ならいけなくて、なぜ、五分間ならいいのでしょうか？あらゆる子供のために泣くのではいけなくて、なぜ、この一人の子供のために泣くのならいいのでしょうか？　もしもあらゆる人間がわたくしの兄弟なら、もはや、特定のどんな人間もわたくしの兄弟ではありません。わたくしを世界に結びつける絆《きずな》を無限に増加することは、この特定の瞬間に、地球上のこの特定の一隅に、わたくしを結ぶ絆を否認する方法であります。もはや、わたくしには、祖国も、友人も、両親もないことになります。あらゆる形態は消えてしまいます。姿を隠してしまいます。その現存が、絶対的な不在と区別つかないような普遍的な背景の中にです。ここにあっても、もはや、欲望もなければ、危惧《きぐ》もなく、不幸もなければ、歓《よろこ》びもありません。何ひとつとして、わたくしのものではありません。永遠は瞬間に接合します。これはいつもながらの味気ない虚構性であり、いつもながらの空っぽな内面性です。この世をいとい、自分の超越性を否認する神経衰弱患者が、この世の普遍的な無窮性の観念に、たとえ、あのようにしばしば襲われるとしても、それはもとより偶然ではありませんまい。一本の針、一枚の電車のキップは、彼をして、地上のすべての針、すべての電車のキップを夢想させます。そして、この眩惑《げんわく》的な多数性に目がくらんで、彼は自分の針も、自分のキップも使用することなく、不動のままでいます。

これら二つの道がどんなふうにして接合するかを、人はストア哲学の中に見ます。もし賢者が、結局は自分自身の上に落ちて来る純然たる噴出に己れを還元するならば、それと同時に、彼は、自分を宇宙的調和と混同することになります。わたくしの外側に存在しているような物が、もはや何ひとつない場合、運命はわたくしになんらの手がかりも見出《みいだ》すことができません。わたくし自身の自我は、普遍のただ中で消滅します。つまり、無限まで拡げられたため、こうして、世界におけるわたくしの場は完全に消えてしまったわけで、わたくしが、大きさのない一点に、わたくしの場を首尾よく容《い》れたのと同じことです。

ただし、普遍にわたくしを同化させるためのこの努力も、ただちに、一つの打消しを承認することになります。存在するのは普遍であるということを肯定するのは、わたくしにとってできない相談なのです。なぜかとなれば、肯定するのはわたくしですから。つまり、肯定することによって、わたくしは自分を存在せしめるのです。存在するのはわたくしです。わたくしは自分より別のもののほうに向うことによって、わたくしの純粋の現存と、わたくしとを区別します。それと同じ筆法で、わたくしが向うその別のものと、わたくしとを、わたくしが彼のほうに向うという事実そのものによって、やはり区別します。わたくしの現存は存在しているのです。彼女（わたくしの現存）は、あの無関心の塊――その中から、わたくしは彼女をふたたび吸収しようとしたのでしたが――の統一性と連続性を破るのです。スピノザの現存は、スピノジスムの真理を粉砕します。いかにヘーゲルが声を大にして、個人は万物生成の一瞬にすぎないと言明したところで無駄であります。この瞬間は、もしそれが追い越されぬかぎり、いかなる現実性も持たないとすれば、それは見かけだけでも存在しえず、名づけられさえしないはずです。もし問題があるとすれば、そのことは、瞬間に一つの真実性を与えます。どんな追越しをも排して、己れを確立する真実性をです。万物のただ中にあって、太陽の本体、人間の本体がどうあろうと、人間に対して、太陽の外観は、どう還元しようもなく存在しているのです。人間は自分自身の現存から逃れることもできねば、また、自分の現存が自分の周囲に現わす特殊な世界の現存からも逃れることができません。地上から離脱しようとする人間の努力でさえ、地上に自分の場所を掘ることとしかしません。スピノジスムはスピノザを決定し、ヘーゲリアニスムはヘーゲルを決定します。フロベールは、大略、次のように書く時、普遍に接合すると信じます。すなわち、《なんのためなんだろう？　私が古代の奴隷《どれい》よりもかえって今日のプロレタリアに関心を持つというのは》ところが、この言葉によって、彼は自分の時代からも、自分の階級からも脱出しているわけではありません。それどころか、十九世紀の一ブルジョワ——自分の財産、閑暇、虚栄のために、自分の時代との連帯関係が見えないブルジョワを自任しているのであります。

人間は、自分の存在を際限なく還元することもできなければ、無限に膨張させることもできません。人間は静止を見出すことができません。だとすれば、人間をどこへも導かない運動というのはなんでしょうか？　人は思索の世界におけるのと同じ二律背反《アンティノミー》を、行動の世界の中でも見出します。つまり、超越性が不断の追越しである以上、どんな停止も不可能であります。ところが、際限のない計画は、それが何ものにも到達しない以上、ばかげています。ここにおいて人間は、純理的考え方が呼んでいる、条件なしの神の調和した理想を夢想します。人間は自分の行為の条件なしの結果を、要求します。追い越されることのありえないような結果を、要求します。無限であると同時に達成された窮極――その中で、自分の超越性が己れを制限することなしに己れを取り返すような窮極を要求します。人間は無限と同化することなどできますまい。それにしても、自分の特殊の位置のただ中から、無限に自分を委《ゆだ》ねることはできないものでしょうか？

神

《神がそれを欲する》この標語が、十字軍士をシネアスの質問攻めから守ったわけでした。キリスト教徒将兵の遠征は、もしそれが神の欲するところであったとすれば、ピリュウスの遠征のように無駄な行程ではなかったわけです。人は神の意志を追い越しません。神をのぞいて何ものも無い以上、神のなかでこそ、人間は自分の努力の絶対的な目的に出会うのです。神聖な存在の必要性は、結局は神に帰着するに至る行為に及びます。そして、永久にそれらの行為を救ってくれます。それにしても、神は何を欲するのでしょうか?

もしも神が、存在の永遠性であり、存在の充実性であるとすれば、神にあっては、神の計画と、神の現実の間には、なんらの懸隔もないのであります。神の欲するものは存在していています。神は存在しているものを欲します。神の意志は、実存の動かない土台でしかありません。それをしもなおかつ意志と呼ぶことができればです。かくのごとき神は個人ではありません。つまり普遍です。不易で永遠のすべてなのです。そして、普遍は沈黙しています。それは何ものをも要求しません。何ごとをも約束しません。どんな犠牲も強請しません。懲罰も報酬も与えません。無罪も主張しなければ、有罪の宣告もしません。人は普遍の上に、楽観も失望も打ち建てることなどできますまい。つまり、神は存在します、と言うだけで、それ以上のことはなんとも申されません。その存在の完璧《かんぺき》さは、人間にどんな場所も残しません。或《あ》る客体において己れを超越することは、その客体を打ち建てることであります。ところが、すでに在るものをどうして打ち建てられましょう？　もし神が完全に与えられているものとすれば、人間は神において己れを超越することができますまい。だから、人間は、存在の表面には無関心な偶有性にすぎません。この地上において、人間はあたかも、沙漠《さばく》で道に迷った探検家のようなものです。右へ行こうが、左へ行こうが、自分の好きな方へ行けるわけです。つまり、彼はどこへも行かないわけで、砂はふたたび彼の足跡をうずめるでしょう。もしも人間が自分の行ないに一つの意義を与えたいと思うなら、人間が言葉をかけるのは、この無関心で、完成された、非人格の神ではないはずです。人間の標語、それは結局、テレーム修道院（訳注　ラブレーが『ガルガンチュワ＝パンタグリュエル物語』の中で描いた理想郷）の破風《はふ》に掲げられている、《汝《なんじ》の欲することをなせ》という標語になるでしょう。もしも神が存在しているものをことごとく欲するならば、人間は何でもかまわず行動さえすればいいのです。《人が神の手の中にある時、人は自分のなすべきことについて心配しない。人は自分のなしたことについて後悔しない》と、十二世紀において、アマルリック派の異教徒が言っています。そして、彼らは酒池肉林に生活を空費していたのです。

　教会は鳴物入りでアマルリック派教徒を焼き殺したものです。そのくせ、全世界に神の加護を拡《ひろ》げようとするカトリック派の自然主義は存在するのです。われわれはその木霊《こだま》を、たとえば、クローデルなどの中に見出《みいだ》します。すべては神から来る、だから、すべては善なのです。人間はこの地上から身を退《ひ》くべきではなく、しかも、この本源的な目的地を自分の裡《うち》で変更するのは並大抵なことではありません。なぜなら人間は神の被造物だからです。存在しているのは善である以上、悪をなすことは困難です。しかし、正統のキリスト教徒は、このような考えの末端まで行くことを避けます。《いや、はや、おくさん》と、俗っぽくて、食いしんぼうの司祭が食卓につきながら申したことです。《神様がね、こんなオイシイものを発明なさったのも、私どもに食べさせたかったからでしょうなあ》ところが、この司祭は、神が女を発明したことをご丁寧に忘れているのです。半熟の卵にバターを塗ることを憤慨して、拒絶した老婦人がいました。《わたくし、神様のおつくりになった、そのままのものをいただきます》と、彼女は言うのでした。そして、食塩入れのほうへ手をのばすのでした。

《われらが神に祈るのは、神の業績を全部ひっくるめてなのだ！　神のなすことの、何ひとつとして無益でない。われらが済度によそごとの何ひとつとして無い！》と、クローデルは書いています。もしも神の業績が全部ことごとく善いものだとしたら、神の業績は全部ことごとく人間の済度に必要なものだということになります。だから、神の業績は、それ自身一つの目的ではなく、方法であります。われわれが日常なしている使用から、その証明を引き出しているところの方法であります。しかし、そうだとすれば、メロンは家庭で食べられるために発明されたのかどうか、どうしたら分るのでしょうか？　きっと食べられないために発明されたのでしょう。きっと、この世の富は、人間がそれを拒むことができるという理由によってのみ、善いものなのでしょう。かようにして、アッシジの聖フランシスコは、この世に満足して、この世を享《きょう》楽《らく》しませんでした。《どんな物をも、あなたは讃《ほ》めることしかなさいません》と、クローデルの『繻《しゅ》子《す》の靴』の中で、考古学者がナポリの副王に言います。《それだのに、ご自分はどんな物をもお使いにならないのを見ると、私は悲しくなります》それにもかかわらず、自分の使わないそれらの富を、副王は人に与えるのであります。そして、ものを与えることは、それを使う一つの方法であります。苦行者気分は、享楽の別の形態です。どっちみち、人間は地上の富を使うことになります。なぜなら、人間が己れの救済を果し、あるいは、己れの破滅をまねくのは、この地上の富を介してだからです。だから、それをどう使うかを決めなければなりません。自分の決定は客体の中に記入されているわけではありませんからね。なぜなら、いかなる使用とて、追越しであり、そして、追越しはどこにも与えられてないからです。使用は存在していません。それは今後存在すべきものなのです。では、存在すべきどんな理由を持っているでしょうか？

使用は神の意志に合致しているべきだ、と、キリスト教徒は言います。そこで、人はどんな自然主義も放棄します。徳以外に何ものといえども善ではありません。悪は罪です。そして、徳とは、神の要求への服従なのです。だから、神のなかには要求が存在しています。神は、人間が自分に身を委《ゆだ》ねることを待っているのです。神が人間を創《つく》ったのは、あらかじめ与えられている者ではなくて、創造者の欲望に応じて自分の存在を成就《じょうじゅ》するような存在を在らしめんがためなのです。神の意志は、だから、人間の自由性に呼びかけるものとして現われます。彼女（神の意志）は、今後存在すべきで、まだ存在していないものを要求します。だから、彼女は計画でありますす。彼女は、その存在を今後在らしめるべきで、いまだ在ることのない一つの存在の超越性であります。そうすると、神と人間との関係は了解されます。神が、予定される在り方のいずれでもないかぎり、人間は神を設定することができます。人間は、ふたたび世界の中にその場を見出し、神に対して位置づけられます。つまり、こうして、神は人間に対して適宜に出現するわけです。ドイツの神秘論者、アンゲルス・シレジウスは、この点を表明して、こう書いています。《神は、私が神を必要とするように、私を必要とする》この場合、キリスト教徒は、個人としての生きている神の前にいるわけで、だから、その神のために彼は行動することもできようというものです。こうなると、もう神は絶対ではありません。普遍ではありません。ヘーゲルの言うあの偽《にせ》の無限性なのです。自分から切り離されでもしたように、自分の面前に有限性を存続させている無限なのです。神は人間にとって隣人です。

この限定された、特殊の神なら、人間的な超越性の渇望を満たしてくれるだろうと思います。じっさい、こんな神なら、それは具象的で、完成されていて、自分の中に閉ざされている存在――なぜなら、それが実存している以上は――であると同時に、無限に開いている存在――その実存が際限のない超越性である以上は――であろうと思われます。その神は、自らが不断の追越しである以上、追い越されるということはありえますまい。人間は神の超越性を超越することなく、ただそれに従《つ》いて行くことしかできないでしょう。わたくしが神の意志を果せば、今度は新規の意志がわたくしを襲撃に来ることでしょう。こうして、いかなる《この次は?》も、絶対にないでしょう。

ただ、この神の意志は、もはや、物事のなかに記入されていません。なぜなら、もはや、それは存在しているものの意志でなくて、存在すべきものの意志だからです。もはや、その意志はすべてのものの意志ではありません。そして、人間はその特殊な様相を見出さなければならないのです。神の意志を意志すること、この紋切型の決心だけでは、人間にどんな行為を課するにも充分でありません。神は、信者が不信心者を虐殺《ぎゃくさつ》したり、異教徒を焼き殺したり、あるいは、異教徒の信仰を許したりすることを欲しているでしょうか? 戦争に行ったり、あるいは、講和を結んだりすることを欲しているでしょうか? 神は、資本主義か、それとも、社会主義を欲しているのでしょうか? 永遠の意志というものの、現世的で、人間的な面構《つらがま》えとは、いったい、どんな格好をしているのでしょうか? 人間は神において己れを超越するつもりでいます。ところが、人間は内在性のただ中においてしか決して己れを超越しません。人間が己れの贖《あがな》いを果すのは、当然、地上においてです。地上的なもろもろの企ての中で、はたしてどんな企てが、人間を天上まであげますものやら?

《神の声に聞き入ろう》と、信者は言います。《神自らが、神のわれわれに期するところを言ってくれるだろう》しかし、このような希望は素朴すぎます。神が已れを表示しうるのは、ただ地上の声を介してです。なぜなら、われわれの所には地上の声以外の声は聞えませんから。しかし、そうなると、その声の神聖な性質をどうして聞き分けたらいいものでしょうか？　幻覚に囚《とら》われた一人の女をつかまえて、人が訊《たず》ねてみたそうです。神秘な音波によって、彼女に話しかけるその相手は何者であるかと。すると、彼女が慎重そうに答えて言うには、《自分では神だと言っていますが、どうも私には誰だかわかりかねます》モーゼもまた、火炎茨《かえんいばら》から洩《も》れ聞える声、または、シナイ山上にとどろく声に、これと同じ疑いをかけることができたはずです。雲から、教会から、告白者の口から、たとえ、どんな声が迸《ほとばし》り出ようと、超越者が已れを表示すべきなのは、かならず、現世における内在の現存を介してなのです。だから、彼の超越性はいつもながら、われわれには分りかねるわけです。わたくしの聞くあの命令は、自分の心中においてさえ、曖昧《あいまい》なのです。実にここなのです、キルケゴールが『おそれとおののき』の中で書いている、アブラハムの懊悩《おうのう》の源泉があるのは。それが悪魔の誘惑なのか、それとも、わたくしの慢心の誘惑なのか、誰に分りましょうや？　話しているのははたして神でしょうか？　聖者と異教徒の区別が誰にできましょうや？　カフカが『城』の中で書いているのが、やっぱり、この不確実性なのです。

ことさえできます。しかし、この伝達者《メッセンジャー》を見ることさえできます。しかし、この

人間はメッセージを受けることも、伝達者《メッセンジャー》を見ることさえできます。しかし、この伝達者《メッセンジャー》はペテン師ではないでしょうか？　そして、彼自身、はたして誰の使いなのか知っているのでしょうか？　途中、彼はメッセージの大半を忘れなかったでしょうか？　彼がわたくしに手渡しするこの手紙ははたして本物でしょうか？　そして、その意味はどうなんでしょうか？　救世主《メシア》は自分が救世主《メシア》だと言います。偽の救世主《メシア》も同じことを言います。真偽の鑑定が誰につくものですか？

　要は、彼らの業績によってしか見分けることができないだろうと思います。それにしても、業績は善いとか、悪いとか、どうして決めたらいいでしょうか？　人間の福祉の名においてわれわれは決めるでしょう。神の超越性によって己れの正当を証しようとするモラルがこのやり方なんです。つまり、このモラルは人間の福祉を設定します。そして、神が至善である以上、それは神の希望によるものであることを断言します。クローデルは、無秩序よりも秩序を選ばなければならないと断言します。理由は、秩序は存在しているのに、無秩序は存在の否定だからです。すなわち、われわれが秩序を神の摂理に合致していると広言するのは、秩序がそれ自らにおいて、無秩序に優《まさ》っているからであります。しかし、これはクローデルの忘れている点ですが、すでにスピノザとベルグソンも明示したように、秩序たるかぎり、秩序と思わせるのは人間

の見解にすぎないのです。クローデルの秩序は、神の秩序でしょうか？　ブルジョワの秩序があり、社会主義者の秩序があり、民主主義者の秩序があり、国粋主義者の秩序があります。いずれも、その反対者の目には無秩序です。いつもながら、どんな社会とて、その社会と共に神を持っていることを主張します。つまり、どんな社会も、己れに型どって神を創りなおすわけです。喋るのは、その社会であって、神ではありません。しかし、もしもわたくしが自分に訊ねるために自分の方へ振向くとするならば、わたくしには自分自身の心の声しか聞えません。カトリックの教会と、プロテスタントの個人主義者とは、自分たちの個人的な信念の木霊を、神のインスピレーションだと考えることを、当然、たがいに咎《とが》めあうことができます。わたくし自身の外側と同様、内側においても、わたくしが出会うであろうのは神自身ではありません。どんな天上の印も、地上に描かれているのを、わたくしが見つけるということは絶対にないでしょう。もしも描かれているとしたら、それは地上的なものだからです。人間は、神によって己れを解明することはできません。人間によって神を解明しようと人は試みるのです。つねに神の呼び声が聞えるであろうのは、人間を介してです。そして、人間がこの呼び声に応《こた》えるであろうのは、人間の企てによってです。だから、もしも神が実存するとしても、人間の超越性をリードすることは不可能でありましょう。

人間は、人間たちの面前においてしか、決して位置づけられません。そして、天空の奥に神が居るか、居ないかは、なんら人間に関係ありません。

人間

そこで、人間の方に振向く必要があります。初め、われわれが天空に求めていたあの絶対的な目的を、われわれは人間《ユマニテ》そのものの中に見出《みいだ》すことができるのではないでしょうか？　もしもわれわれが人間《ユマニテ》を、それ自らの中に閉ざされたものとして見るならば、恒久不変の均衡状態にいつかは達すべきものとして、それとも、死の中で消滅すべきものとして見るならば、もちろん、われわれはそれを虚無に向って超越することができ、そして、《さて、この次は？》と、心配しながら自らに訊《たず》ねることもできましょう。もしもわれわれがラフォルグと共に、地球は沈黙のエーテルの中を氷結したまま回転しているのだと想像するならば、この地球産のはかない動物のことなど、くよくよしたところではじまりますまい。しかし、これこそ詩人の、学者先生の、坊《ぼう》主《ず》の幻想というものです。ユマニテは消滅するであろうなどとわれわれが断言するのを、何ものといえども許しません。人おのおのは死にますが、ユマニテは死ぬべきものでないことをわれわれは知っています。そしてもしも彼女（ユマニテ）が死なないとすれば、彼女はいかなる段階の踊場でも立ちどまったりなんかしないでしょう。彼女は彼女自身の絶えざる追越しであることをやめないでしょう。それにしても、一世代は、自分の番が来て消えるためにしか他の世代に続かないというこのコースの際限のない性質しか、もしもわれわれが考えないとすれば、このコースに加わることはいかにも空《むな》しいことのように思われます。われわれの超越性は、時間の捉《とら》えがたい遁走《とんそう》の中で散らばることとでしょうから。しかし、ユマニテは単にこの終りのない分散だけではありません。つまり、彼女は肉と骨から成る人間でできているのです。彼女には独特な来歴があり、決まった面貌《めんぼう》があります。われわれが平気で彼女の方に向って自分たちを超越することができるためには、それが開かれているものであると同時に閉ざされているものとしての、この二つの風姿を呈しながら、われわれの前に現われる必要があります。彼女がわれわれを介して自分の存在を実現すべきためには、そして、なおかつ、彼女が存在しているためには、彼女は自分の存在から切り離されている必要があります。かようにして「人間《ユマニテ》」礼讃をわれわれに提議する人々に彼女は姿を現わします。彼女は決して完全なものではなく、たえず、未来の方へ方へと身を投げます。彼女は彼女自身の絶えざる追越しであります。たえず、彼女からは一つの呼び声が放射し、そして、それに応《こた》えなければなりません。たえず、彼女には一つの穴ぼこがつくられ、そして、それを埋めなければなりません。つまり、各人を通して、ユマニテは、各人の存在に追いつこうと際限なく努力します。そして、そうすることにおいて、彼女の存在それ自身も成り立つのです。われわれの超越性は、彼女を追い越すことの絶対にできるはずもありませんが、ただ、それに従《つ》いて行くことだけはできます。しかし、彼女は瞬間ごとに、完全に把握《はあく》されます。なぜなら、瞬間ごとに、「ユマニテ」は存在しているのですから。

それにしても、彼女は本当にいるのでしょうか？ 人は或るユマニテの噂《うわさ》ばなしをすることができるでしょうか？ もちろん、人間の総体に一つの集合名詞を与えることはいつだって可能です。しかしそれでは、外側から彼ら人間を見ることになります。彼らが満たしている空間で一括された物体として見ることになります。この集団は知的な動物の群れにすぎません。その存在の充実性の中で凝結してしまったこんな与件では、いまさら、われわれとてどうしようもありません。われわれがユマニテのために行動しうるには、彼女がわれわれに何ごとか要求する必要があります。ユマニテは、己れを実現しようとしている総体たる以上は、統一性を所有する必要があります。そして、たった一つの声でわれわれに呼びかける必要があります。

ユマニテがこのような様相を呈するのは、連帯性の神話においてです。食物を口に運ぶのを拒否した手に、胃袋が苦情を言う、あの名高い寓話《ぐうわ》以来、しばしば、人間は、一つの組織の部分として表示されたものです。つまり、人は彼らの一人のために働くことによって、万人のために働くことになるわけです。ここにおいて、自然経済が存在することになり、この経済に応じて、各人の場は、他のあらゆる人々の場によって決定されることになります。しかし、実にこれは外面性の繫《つな》がりにおいて人間を確定することです。世界の中で、確定された一つの場を占めるためには、人間自身が確定されていなければなりません。つまり、純然たる受動性なのです。そうなれば、彼は自分の行為の目的など問題にしますまい。したがって、行動などしますまい。ところが、彼は行動するのです。自分に訊ねたりします。つまり、彼は自由なのです。そして、彼の自由は内面性にあるのです。それでは、どのようにして、彼はこの地上に一つの場を持つことになるのでしょうか？　彼は世界の中に身を投げることによって、自分自身の計画で、他の人間たちの間に身を存在させることによって、場を取るわけなのです。しばしば、青年は煩悶《はんもん》します。この充満している中にどうして自分を割り込ませたらいいか？　と。海には一滴の水さえ不足していません。彼の生れる前にも、人類は、きっかりこのとおりに充満していました。彼が死んでも、やっぱり充満していることでしょう。彼は人類を減少することも、増加することもできません。それは、点が線の長さを延ばすことができないのと同じです。彼は自分が精密機械の中で歯車の役目をしているなどとは夢にも思っていません。それどころか、世界のいかなる一隅とて、彼のために用意してなかったような気がします。つまり、彼はどこへ行っても余計なんです。そして実際において、彼の場は、不在として、あらかじめ、穴を掘って定められてあったわけではないのです。つまり、最初に、彼は来たのです。不在は現存に先行しません。虚無に先行するのは存在なのです。そして、存在のただ中に、空虚と欠乏が出現するのは、ただ人間の自由性によってのみです。（原注　J・P・サルトルの『存在と無』三八ページおよび以下参照）

人々が、たえず自分たちの周囲に、この空虚を出現させるのは事実であります。来たるべき充実性に向って、与件を超越することによって、彼らは、現在を一つの欠乏として定義します。彼らはひっきりなしに何か新しいものを待っています。新しい富、新しい技術、社会改革、新しい人間など。そして、青年のごときは、自分の周囲で、よりいっそう具体的な人員募集に出会います。年々歳々、若干数の官吏が、医者が、仕上工が必要で、世界は人手に不足しているのです。青年はこうした空席の一つの中に滑り込むことができます。ところが、自分にうってつけに作られた空席など一つだってないのです。青年は、人々が待っているようなあの新しい人間たちの一人になることができます。ところが、人々が待っていた新しい人間は、彼ではなかったのです。どうせ他の男でけっこう間に合ったことでしょうから。各人が占めている座席は、つねに無縁の座席なのです。自分の食べているパンは、つねに他人のパンなのです。

もっとも、たとえわたくしが、わたくしに場を与えてくれることを彼ら人間に期待したところで、今度はわたくしのほうが、どこへ腰を下ろしたらいいか分りますまい。つまり、彼ら人間は、相互間で調和がとれていないのです。或《あ》る国は人間に不足しています。ところが、不足していると決定するのはその国なのです。隣国の目には、人口過剰であると見えます。社会がその慣習を固持するためには官吏を必要とします。ところが革命は、その社会を覆《くつがえ》す闘士を必要とします。一人の人間は、他の人間たちのために、一個の与件となることによってしか、地上に自分の場を見出しません。そして、どんな与件も、超越されるように運命づけられています。人は、それを活用するか、あるいは、戦うことによって、それを超越します。わたくしは或る人々の邪魔物になることによってしか、別の人々の道具になりません。彼らの全部に役立つということは不可能です。

戦争、ストライキ、変動は、人間たちの間に、あらかじめ設定された調和のなんら存在していないことを示します。初めから、人間はたがいに倚《よ》りかかっているわけではありません。なぜなら、初めから、彼らは存在しているわけではないのですから。彼らは今後存在すべき筋合いのものなのです。自由性というものは、連結しているのでも、向い合っているのでもなく、つまり、切り離されているのです。一人の人間が、自分のまわりに他の人間たちを位置づけることによって自分を位置づけるのは、世界の中に自分を投入することによってです。こうして、連帯関係はつくられます。だからといって、一人の人間が、他のすべての人間と連帯関係を結ぶことなどできはしません。なぜなら、彼らの選択が自由である以上、彼らはみながみな同じ目的を選びはしないからです。もしわたくしが無産階級に従うとすれば、わたくしは資本主義と戦います。兵隊は、自分の敵を殺すことによってのみ、自国を擁護します。そして、階級だの、国家だのが統一されたものとして定義されるのは、他の対立に対する彼らの対立の統一によってのみであります。資本主義に対する闘争があるかぎりにおいてしか、無産階級というものはありません。一つの国家は、その国境によってしか存在しません。もしも人が対立をなくすれば、総体は崩れてしまいます。バラバラに切り離された多数の個人にしか、人はもう用がないということになります。人は、無産階級に向って自分を超越しながら、それと同時に、人類全体に向って自分を超越することはできません。なぜなら、無産階級に向って自分を超越する唯一《ゆいいつ》の方法は、無産階級以外の人類に抵抗して、無産階級と共に、自分を超越することだからです。階級の差別がなくなるであろうような未来の人類に向って、自分は無産階級と共に自分を超越するのだとでも言うのでしょうか？　しかし、それにはまず、資本家から、一世代、あるいは、数世代を取り上げて、今日の無産者に提供する必要がありましょう。人が或る人々のために働くというのは、つねに、その他の人々には抵抗してのことなのです。

それにしても、こうした対立の向う側に、より高い和解を当てにすることはできないものでしょうか？　特殊な犠牲は、それ自身、世界歴史の中に肝要な場を見出さないものでしょうか？　進化の神話は、この希望をエサにしてわれわれを釣り込もうとします。この神話は、一時的な散乱を通過しての、人類の統一の成就《じょうじゅ》を約束してくれます。ここにおいて、超越性は、進歩の様相を呈するに至ります。各人の中に、各人の行為のそれぞれの中に、人間の全過去が記入されます。すると、たちまち、この過去は、未来のほうへ完全に追い越されてしまいます。発明家は、古い技術を熟考することによって、新しい技術を発明し、そして、この踏切台によりかかって、次のジェネレーションは、よりよい技術を発明します。改革者たる者が、自分自身の計画の成功を祝うことができるとすれば、それは実にこの未来の人類の中においてであって、この未来の人類は、その改革者によりかかることによってしか、彼を追い越さないことになるのです。《われわれの後に生れる者たちは、われわれのおかげで、われわれまでのどんな歴史よりも高い歴史に属するであろう》と、ニーチェは『悦《よろこ》ばしき科学』の中で書いています。かようにして、人間の超越性は、どの瞬間の中でも完全に把握されることになります。なぜなら、どの瞬間の中にも、先行の瞬間が保存されているでしょうから。そして、人間の超越性がそれらの瞬間のどの一つの中でも凝結するということはありますまい。なぜなら、進歩がつねに後から後から続きますから。ただ進化の観念のみが、人間の連続性を仮定します。一つの行為が、たとえばエーテルの中の音波のように、時間の中に長く延びるためには、ユマニテは、従順な、受身の環境でなければなりますまい。しかし、そうだとすると、どうして人間が行動するということになるのでしょうか?

もしもわたくしの息子が、抵抗なしにわたくしの行動に従う限定された存在であるとすれば、わたくしもまた限定され、行動しません。そして、もしもわたくしが自由ならば、わたくしの息子もまた自由です。しかし、そうだとすると、わたくしの行為は、あたかも静かな水にそって滑りでもしたように、連続するジェネレーションを通して己れを伝えることができません。すなわち、この行為にもとづいて、今度は他の人たちが行動することになります。ユマニテは、主観性のため宿命的に孤立させられている自由な人間たちの断続した連続であります。

世界に投ぜられた一つの行為は、だから、古典力学的な波のように、無限まで拡《ひろ》がりません。むしろ、新しい波動力学によって提供された仮説のほうがここでは適当かと思われます。すなわち、或る実験は、確率波と、確率波の伝播《でんぱ》方程式を確定することができる、というのがそれです。ところが、その実験は、次に来る実験を予知させません。それ以後、波をまた新規につくらねばならぬような新しい着想を世界の中に投ずるがごとき実験を予知させません。行為は、われわれがそれを完了する瞬間に立ちどまるわけではなく、未来に向って、われわれから逃げ去るのです。が、すぐさま、他人の意識に摑《つか》まってしまいます。行為は他人にとって、盲目的な束縛などでは決してなく、追い越されるべき与件なのです。そして、それを追い越すのは他人で、わたくしではありません。この行為が凝結した時から、他人は、わたくしが彼のために描かなかった未来の中に、自ら身を投げます。わたくしの行動は、それを他人が自分自身でどうするかによってのみ、他人のためであります。だから、わたくしが何をするかなどが、どうして前もって分りましょうや？　そして、わたくしにもそれが分らないとすれば、人類のために行動しようなどと、どうして思うことができましょうや？

わたくしは明日の人々のために一軒の家をつくります。たぶん、彼らはその家に宿ることでしょう。ところが、この家はまた、彼らが未来に家を普請《ふしん》しようという場合の邪魔になることもありえます。たぶん、彼らは今までの家で我慢するでしょう。たぶん、その家を壊すでしょう。たぶん、その家に住むでしょう。そして、その家は彼らの上に崩れ落ちることでしょう。もしもわたくしがこの世に一人の子供を産み落すならば、たぶん、その子供は、ゆくゆく、悪者に、暴君になるでしょう。それを決めるのは彼です。そして、彼の子供たちの子供たちは、めいめい、自分のために決めるでしょう。してみると、わたくしが子を産むのは人類のためなんでしょうか？ 人間は、自分の行動の思いがけない結果を眺めながら、いくたび叫んだことでしょう。《おれはこんなつもりではなかったのに！》と。ノーベルは科学のために働いていると思い込んでいました。あにはからんや、彼は戦争のために働いていたのです。エピキュールは、後年、人々が享楽主義《エピキュリスム》と呼んだところのものなど、予想だにしていませんでした。ニーチェもまたニーチェ主義など、キリストもまた信仰裁判など、夢にも思っていませんでした。人間の手によって作り出されるものは、たちまち、歴史の満潮干潮によってことごとく押し流され、新しい瞬間ごとに新しく造られ、そして、その周囲に、無数の思いがけない渦巻を出現させます。

しかしながら、人間の自由性が同意するような目的も存在しています。もしもわたくしが人類を嚮導《きょうどう》し、自然に対する人類の威力を増大し、人類の衛生を改良しようとするならば、わたくしの行動の運命は安全でないのでしょうか？　学者先生は、よし自分が学問の建物にどんな小さな石を運んで来ても、満足します。その石は、その必要な場所に永久に残っているでしょう。そして、永久性は、その大きさを永久に増大することでしょう。

人間が学問についてては同意し合うということは事実です。なぜなら、あらゆる人間が学問について同意し合うことができるようにその学問が作られている時にのみ、思惟《しい》は学問的なのですから。それにしても、学問のために働いたとて、はたして、人は人類のために働くことになるでしょうか？　学問の発明の一つ一つは、人間のために、一つの新しい情況を確定します。その学問が必要であることを決めるためには、その学問が創《つく》りあげる情況が、前の情況よりも優れていなければならないはずです。一般的に言って、進歩の観念は、このような比較を必要とします。それにしても、人間の種々雑多の情況を比較することなどできるものでしょうか？　地上に、五千万の人間がいようと、二十人の人間がいようと、同じこと、ユマニテはぎりぎりいっぱいに充満しています。そして、相もかわらず、そのまっただ中に、あの《永遠に未来である穴ぼこ》を持っていて、彼女（ユマニテ）が楽園になる妨害をしています。もしも彼女が、追い越すことの不可能な目的として見られうるとすれば、それは彼女自身がいかなる目的にも制限されていないことの証拠です。実に彼女は、彼女自身の躍進によって目的を定めてゆくのですが、その目的は彼女の前をたえず後ろへ後ろへと退いてゆきます。ところが、これまで救済の約束のようにわれわれの思っていたものが、こうして、われわれの希望に、そっぽを向けてしまうことになるのです。すなわち、学問も、技術も、いかなる種類の行動も、決してユマニテをこの移動目標に近づけないでしょう。新たに創り出された情況がなんであろうと、番が来れば、その情況も、今度は追い越されるべき与件になります。成功者のことを、《到達した人》という俗語があります。なんに到達したのでしょうか？　人は決してどこにも到達しません。出発点しかないのです。ユマニテは各人から新しい出発を奪いとります。それゆえにこそ、世界の中に自分の場を求めている青年は、おいそれと見出《みいだ》すことができず、自分が見すてられ、無用であると文句なく感じます。学問をしようが、詩を作ろうが、モーターを組み立てようが、彼は自分を超越します。与えられた位置を超越します。といっても、ユマニテのために自分を超越するのではありません。実は、彼を通して、自分を超越するのがそもそもユマニテなんです。この超越性は何もののために在るのでもありません。はじめから、在るのです。かようにして、各人の生命、ユマニテ全体は、要求されたものとしてでもなく、何ものかによって呼ばれたものとしてでもなく、絶対的に無償なものとして、たえず現われます。実にこの活動性が、要求と呼び声を創り出すのですが、それに応《こた》えるのは、新しい要求の生誕にほかなりません。どんな完了も、ただ想像だけのものではありません。

しかし、この終りのない生成は、それ自身、一つの完了として考えることができないでしょうか？　ユマニテは前もって定められた目標には近づかないのです。しかしもし、ユマニテの相継ぐ宿場の一つ一つの中に、前の宿場が保存されていて、より高い形態をまとっているとしたら進歩についてわれわれが云々《うんぬん》してもいいのではないでしょうか？　ヘーゲルも言っているように、われわれがユマニテの変貌《へんぼう》の或るものに立ちどまることによってしか、われわれはユマニテに矛盾を見出しません。しかし、ユマニテの歴史の総体を眺めるならば、われわれは事件と人間との歴然たる区別が消えるのを見、あらゆる瞬間は結び合います。障害物は、自分を粉砕する争闘の一部をなしているのです。立体派は印象派と戦います。しかし、立体派は印象派によってしか存在しません。そして、明日の絵画が確定されるであろうのは、この両者の向う側です。ロベスピエールは七月革命によって倒されました。しかし、ロベスピエールと七月革命は仲よくボナパルトの中に見出されます。自分の歴史的な、そして、特殊な運命を実現することによって、だから、各人は普遍のただ中に自分の場を見出すことができます。わたくしの行為が完了すると、それは最初わたくしが望んだのとは別な行為になります。だからといって、この場合、その行為は未知の悪変を受けるというのではありません。つまり、その行為は己れの存在を完了するのです。そして、その時こそ、その行為は真に履行されるわけです。

ヘーゲル流の楽天主義に同意するためには、総合が、それの追い越すテーゼとアンチテーゼを、実際的に保持しているということを設定する必要があるはずです。各人は自分を包む普遍の中に自分を認識する必要があるはずです。ヘーゲルは言っていますが、各人は普遍の中に己れを認識すべきです。なぜなら、具象的な普遍は単一であり、そして、各人が己れの形姿を見出すのは単一の個人性を介してだからです。つまり、もし各人の瞬間のそれぞれが、実際にあったところのものでなかったとすれば、各人も今ある者ではなくなるはずです。だから各人の現存は、永久、世界の中に登録されているということを容認しましょう。もし敗者の抵抗がなかったら、勝者の勝利はこれほど輝かしくなかったろうということを示して、敗者を慰めるわけにもいきますまい。この勝利が敗者のものであるためには、これだけでは充分でありますまい。

実際において、敗者に属しているのは、彼の敗北なのです。人間は二つの方法で世界に現存していることをわれわれは見ました。すなわち、人間は物体です。他人の超越性に追い越される与件です。そしてまた人間は、彼自身、未来に向って身を投げる超越性でもあります。自分のものというのは、自分が自分の自由な計画によって打ち建てるものであります。そして、自分以後、他人によって打ち建てられるものではありません。ところで、一人の人間から、ヘーゲル流の弁証法の中に保存されるものは、明らかに、その人間の後天性であります。選択の真実さとは、とりも直さず、選択というこの目的をその人間に選ばせる溌剌《はつらつ》たる主観性であって、選んだということの凝結した事実ではありません。そして、ヘーゲルを支えているのは、単にこの死んでいるような外貌にすぎないのです。過ぎ去ったもの、追い越されたものとして、その人が世界の中に墜落するかぎり、その人はふたたびそこに自分を見出すことはできません。それどころか、彼はそこで除《の》け者にされてしまいます。一人の人間の存在のダイメンションが保持されていることを示して、その人を救うことなどできるものではありません。なにしろ、そのため、彼は自分自身には他人であり、他人には物体であるようなダイメンションなのですから。疑いもなく人間は、与件の資格で、宇宙くまなく現存しています。つまり、瞬間ごとに、わたくしは自分の後方に人類の全過去を持ち、自分の前方に、人類の全未来を持ちます。わたくしは、地球の一点に、太陽系の一点に、星雲中の一点に、位置づけられています。わたくしがいじくる物体のそれぞれは、世界を構成するあらゆる物体にわたくしを関係させ、そして、わたくしの存在を、あらゆる人間の存在に関係させます。しかし、宇宙がわたくしのものであるためには、これだけでは充分でありません。わたくしのもの、それはわたくしの打ち建てたものであります。わたくし自身の計画の完了であります。

それ見たことかと、ヘーゲルは言うでしょう。なるほど、もしも人間が自分の計画をかなり遠くまで拡げることを知りさえしたら、人間が万物生成の中にふたたび見出すであろうのは、その計画の完了にほかならないのです。終ってしまった企図の中で頑張っているようなばかげた執拗《しつよう》でないかぎり、当外れはないでしょう。しかし、もし人が普遍の見解を採用するならば、彼は敗北の気色の中にさえ、自分の勝利を見知るでしょう。デーモステネースは、アテネの滅亡を嘆いた時、近眼だったわけです。実際のところ、彼に重要だったのは文化だったのです。そして、フィリッポスとアレキサンダーがこの世界に実現したのがその文化なのです。もしもわたくしに、すべてのことを意欲することができさえしたら、ただそれだけで、すべては善なのであります。

しかし、このような意欲は可能でしょうか？

ただ一つの、そして、無感覚な天空に賢者が亡命したとしたら、彼は、地球の永遠に変化する表面を、革命が影のように過ぎるのを見ることでしょう。明日は消えるであろう世界のこの表情に勝利を与えるために、彼は指一本さえあげますまい。すべてが自分のものである以上、選り好みなどしないはずです。この賢者と同じで、十九世紀の楽天的な経済学者は、超人口が、労働者の過剰を来たし、また、それに関連して、賃銀の低落をうながすことを賞讃しています。もっとも、このために、労働者階級の不振となり、死亡率を増大し、今度は人口の減退を来たす順序となり、以下かくのごとしであります。

また事実、もしもわれわれがヘーゲル流のエーテルの中を飛び舞っておれば、こうした特殊の人たちの生も死もさして重要だとは思えなくなります。それにしても、経済的均衡がなぜ今もって重要性を持っているのでしょうか？　その点、このカラクリを楽しがっているのは一般人ではありません。とりもなおさず、ブルジョワ経済学者なのです。一般人は無言です。そして、どんな人でも自分の名前において話そうとすれば、いきおい、自分の名前に自分自身の声を貸すことしかしません。その人が普遍であるのではない以上、どうして普遍の見解など取りえましょう？　人は自分自身のより別の見解など持つことはできますまい。《地獄はどこに在るか？》と、マーローのファウストがメフィストフェレスに訊《たず》ねます。すると、悪魔が答えて言うには、《われわれのいるここに地獄が在る》この筆法で人間は言うことができます。《わたくしのいるここに地球が在る》と。人間にとっては、狼星《シリウス》の中へ逃亡するどんな方法もありはしません。人が自分の計画の特質を放棄しようと思うことは、自分の計画を殺すことです。デーモステネースが実際において望んでいたのは、アテネの文化の上に築かれるところの、アテネの文化以後に開花するところの一つの文化だったのです。

明らかに欠点のあるような方法を介して、計画が一つの目標を狙《ねら》うというようなことは、もちろんあるかもしれません。こういう場合、或《あ》る人が、最初、自分の選ばなかった他の方法の成功を自ら祝することもありえます。或る人が自分の町の繁栄を願っています。すなわち、彼は市長の投票をします。当選したのは彼の敵です。しかし、相手がよい市長であることが分り、町は彼の手によって繁栄します。その選挙人が新市長の出現をよろこんだとします。しかしこれは、彼の狙った目的がどうあろうと遂げられたことになるのです。そして、それは、限定された、特殊な目的だったのです。

どんな目的も、より遠い目的に向う方法として考えることができると、もし人が主張するならば、何ものといえども真に目的ではありえないと、否定することになります。計画はどんな内容も尽きて、空っぽになり、世界はどんな形態も失って、崩れます。人間は無関心の渺茫《びょうぼう》たる水面のただ中に沈んでいる自分を見出します。そこにあっては、人間が、事物を在らしめようなどとすることなく、事物は在るとおりに在ります。いつだってかならず一つの文化が在るであろう以上、アテネを防衛することなど不必要かもしれません。しかし、そうなれば、何かを惜しむことも、何かを楽しむことも絶対に断念しなければなりません。一つの目的のために行動すること、それはつねに選ぶことです。限定することです。もしも彼の努力の特殊な形態がその人にどうでもいいものとして現われるとすれば、彼の超越性は、どんな相貌も失うことによって、消滅してしまいます。もはや、彼は何ものをも意欲することができません。普遍は、不足なしですから。期待なしですから。要求なしですから。

かようにして、無限と関係をつけようとする人間のどんな努力も、空《むな》しいのでありますす。人間は、ユマニテを介してしか、そして、ユマニテの中においてしか、神と関係することができません。そして、人類の中においても少数の人たちにしか絶対に到達しません。限定された位置しか築くことができません。もし人間が無限に膨張することを夢みるならば、たちまち、自分を失ってしまいます。夢で自分を失うのです。なぜなら、実際においては、相もかかわらずそこに存在しているのですから。相もかわらず、自分の終った計画によって、自分の終った現存を証拠だてているのですから。

位置

カンディッドの庭は、だから、原子に還元することもできなければ、宇宙と混同することもできません。人間は自分を選ぶことによってしか存在しないのです。もしも人間が選ぶことを拒むならば、消滅してしまいます。人間の条件のパラドックスは、どんな目的も追い越されえるということです。そのくせ、計画は目的を終りとして限定するのです。一つの目的を追い越すためには、追い越さないものとして、最初にその目的を投げておく必要があります。人間はこれ以外に存在の方法を持ちません。ピリュウスがシネアスの言うことをきかないのも無理ありません。ピリュウスは征服するために出発するのです。だから、征服したらいいでしょう。《次は?》ですって?次になったら、分るでしょう。

人間の終末は、だから、受け容《い》れられるものでなく、意欲されるものなのです。したがって、この場合、死というのは、人がしばしば物々しげに飾りたてたほどのあの重大性など持っていません。人間が死ぬから、人間が終るのではありません。われわれの超越性は、つねに、死の手前か、死の向う側で、きっかりと限定されます。ピリユウスは自国に戻るために地球一周をしようなどと思っていません。革命家は、革命が勝利を得るであろう日、その場にもう自分はいなかろうが、そんなことは頓着《とんちゃく》しません。われわれの計画の限界は、その計画のまっただ中にあって、外側にあるのではないのです。或《あ》る人が旅行します。彼は今夕リヨンに着こうと急いでいます。それは明日ヴァランスにいたいからです。というのも、明後日はモンテリマールに、その翌日はアヴィニョンに、次の日はアルルにいるためなのです。人は彼を笑うことができます。じっさい、どうやったって駄目なんです。これだと、ニームも、マルセイユも見ずに戻らなければなりますまい。アナーバも、イスタンブールも見物しなかったことになります。しかし、そんなことは彼にとって屁《へ》でもありません。彼は計画した旅行をしたことになります。つまり、彼の旅行なんです。作家はこの本を書き終えることをあせっています。それも今度は別の本を書くためなんですが、そしたら、おれは安心して死ぬことができるだろう、おれの作品は書きあげられるだろう、と、彼は言いません。彼は立ちどまるために死を待っているのではありません。それどころか、もし彼の計画が未来の代々まで彼を引き入れて行くとすれば、死もまた彼を引き止めないでしょう。八十歳の老人が家を建て、木を植えます。モーゼは自分が約束《カナアン》の地に入らないであろうことを知っています。スタンダールは、自分が百年後に読まれるために書きます。死は、わたくしがひとたび死んで、初めてわたくしの生命を止めます。それも他人の目にとってのみです。しかし、生きているわたくしにとって、死は存在していません。わたくしの計画は、何らの障害に出会うことなく死を横ぎります。わたくしの超越性が大躍進中に衝《つ》き当ろうとするようなそんな邪魔物は存在していないのです。そんなものは自然に死んでしまいます。それは、滑らかな海岸を打ちに来て、そのまま止まり、それ以上遠くへは行かない海の波に似ています。

だから、ハイデッガーと共に言ってはいけません。人間の正真正銘の計画、それは死ぬために存在していることである、と。死がわれわれの本質的な目的である、と。死というこの最後の可能性を逃避するか、仮定するかのどちらか以外、人間にとって選択はないのである、と。ハイデッガー自身によれば、人間には内面性はなく、人間の主観性は、客観的世界への参加によってしか現われない、物事に働きかける行為によってしか選択はない、と言うのです。すると、人間が選択するとは、人間が行為することであります。人間が計画するとは、人間が打ち建てることであります。ところで、人間は死を行為しません。死を打ち建てません。つまり、もともと人間は死ぬようにできているのです。そして、この存在は明らかに死ぬために存在していると、ハイデッガーは言う権利を持っていません。存在しているということは無償なのです。人は無のために存在しているのです。むしろ、この場合、ためにという言葉は何ら意味をなしません。存在は、それが目的を課する以上、計画であると、ハイデッガーは言います。しかし、存在であるかぎり、存在は何らの目的も課しません。つまり、彼(存在)は存在しているのです。彼の存在を、ために存在しているものとして決定するのは、計画のみであります。他の目的と違って、死というこの最後の目的は、いかなる行為によっても目的として決定されないということを、ハイデッガーも認めています。人間を死のほうへ投げるあの果断な決心は、人間を自殺するように導くのではなくて、ただ、死と「向い合って《アン・プレザンス・ド》」生きるように導くにすぎません。それにしても、現存《プレザンス》とは何者でしょう?　彼女は、現存化する行為中より他所《よそ》には存在していないのです。彼女は具体的な絆《きずな》の結成の中でしか実現されないのです。かようにして、ハイデッガー流の回心は、ストア流の回心同様、無効なものであることが分ります。生命は、回心以前と同様、以後も、同一に継続されます。ただ問題なのは、内面的変化だけなのです。或る行ないが回避として現われる時は非真正であるその同じ行ないも、もしそれが死の「面前で《アン・ファス・ド》」展開されるならば、真正なものとなります。しかし、この「面前で《アン・ファス・ド》」という言葉は、言葉でしかありません。わたくしが生きている間は、どんなことをしても、死はそこにいないのです。そして、わたくしにとって、もしもわたくしの行ないが一つの目的の自由な選択であるとしたら、それが誰の目に逃避だなどと見えましょう？　ハイデッガーの躊躇《ちゆうちよ》は、非真正な存在の現実度に触れることによって、その源をこの詭弁《きべん》に発しています。実際において、当人のみが自分の行為の意味を決定するのです。逃避は、逃避の計画によってしか存在しません。わたくしが愛する時、わたくしが欲望する時、わたくしは何ものをも逃げません。すなわち、わたくしは愛しているのです。わたくしは欲望しているのです。死の苦悩がわたくしに知らせてくれる虚無は、わたくしの死の虚無ではありません。それは、わたくしにどんな超越性をもたえず超越させてくれる否定性です。生命のただ中における否定性です。そして、この力を意識することは、わたくしの死を仮定することによってではなく、むしろ、キルケゴール、あるいは、ニーチェの云々《うんぬん》する、あの《アイロニー》によって説明されます。わたくしが不死である時でさえ、わたくしが不死の人類と同化しようと試みる時でさえ、どんな目的も、出発であり、どんな追越しも、追い越される対象であるということは、残るはずです。そして、この関係の遊戯の中には、支えなしで空虚の中に浮び上がるところの、その関係自身の総体以外に絶対的存在はないということは、残るはずです。

　かようにして、人は死ぬために存在しているのではありません。人は、理由なく、目的なく、存在しているのです。しかし、ジャン＝ポール・サルトルも、『存在と無』の中で示したように、人間の存在は、物事の凝結した存在ではありません。つまり、人間は、その存在を存在すべきなのです。瞬間ごとに、彼は自分を存在させようと努力します。そして、計画というのがこれなんです。人間の存在は、計画という形態の下に存在しているのですが、しかし、その計画は、死に向う計画ではなくて、それぞれ異なった計画に向う計画なのです。人間は狩をし、漁《すなど》ります。道具をつくり、本を書きます。つまり、そこにあるのは気晴らしや逃避ではなく、存在に向う運動なのです。人間は存在するために行為します。彼は、自分が居ない以上、自分を超越しなければなりません。しかしまた、彼が存在することを欲する以上、彼の超越性は、一つの充実性として把握されなければなりません。つまり、人間が、自分の超越性の凝結した反映を見出《みいだ》すであろうのは、彼が打ち建てる有限の物の中においてです。なぜ人間は、あの物でなくて、この物を打ち建てるのでしょうか？　明らかに計画は自由なものである以上、それは答えることのできない質問というものです。実存的な分析は、一人の人間のそれぞれ異なった選択から総体的意味を引き出して、その選択の発展と統一を理解させてくれるかもしれません。しかしながら、この分析は、あの個々の選択――それによって、各人が世界の中に自らを投ずるあの個々の選択の帰着しえざる事実の前で立ちどまらなければなりますまい。われわれがここで検討しようと思うのは、計画の内容ではありません。その計画の自由な、根源的な性質が定められた以上、われわれは、その存在の普遍的な、形式的な条件を決定しようとしているだけです。

計画は個々のものである、だから、有限なものであるという結論に、われわれは到達したのであります。すなわち、超越性の一時的なダイメンションは、ダイメンション自身のために要求されたものではありません。それは打ち建てられた客体の性質いかんによるのです。一人の人間が、幾世紀も持ちこたえるような建物を造ることを思いたったとします。彼はまたトンボ返りに成功しようとします。この場合、時間は、彼にとって目標にされていません。それは客体の特質にすぎないのです。時間が一瞬にして過ぎ去ろうが、数世紀を横ぎろうが、どうあっても、客体はいつだって持続を持っています。存在の充実性、それは永遠性なのです。いつかは崩れるであろうようなあの客体は、真に存在しているのではありません。《さて、その次は?》ですって? 人間は自分の存在を把握しようと努力します。しかし彼は、自分の超越性が参加している、あの客体をいつだって新規に超越することができます。よしそれが破壊することのできないものであろうと、客体は、偶然のものとしてしか、有限のものとしてしか、現われないでしょう。なおまだ追い越されなければならない単なる与件としてしか、現われないでしょう。客体は、それがわたくしを満たすかぎり、己れを満たします。しかし、反省は、超越性が自発的にとる形態の一つであります。そして、反省の目には、客体は理由なく、そこに存在しているのであります。世界で人間ばかりが、自分のいだくどんな目的にも自惚《うぬぼ》れるという分りきった幻想に麻痺《まひ》しているらしいのです。おそらく人間は、生きていることに耐えられないのでしょう。

それにしても、人間は、世界に一人だけではないのです。

第二部

他人

《なんてあの女は運がいいでしょう！》と、泣いている女を見て、一人の神経衰弱の女が言いました。《あの女は真面目に泣いているんだもの》もっとも、この女もしょっちゅう泣いていました。しかし、それは真の涙ではありませんでした。つまり、芝居、真似《まね》事《ごと》で、彼女の涙はあったのでした。通常の人間は、自分がガラスでできているとも、木でできているとも思いません。自分を操り人形だとも、幽霊だとも思っていません。ところが、彼とて同様、自分の涙も、笑いも、完全には信ずることができないのです。つまり、彼に起る何ひとつとて、全部が全部、真ではないのであります。わたくしは、鏡に映っている自分を眺めても、わたくし自身の身の上を自分に語りきかせても、無駄です。わたくしは決してわたくしを充実した客体として捕えません。わたくしは、自分の裡《うち》に、あの空虚を、わたくし自身であるあの空虚を感じます。わたくしは自分が居ないことを感じます。そして、この故《ゆえ》にこそ、どんな自我礼讃も、真実、不可能なのであります。わたくしは、わたくし自身に自分を供することができません。若いころ、わたくしのお友だちなどは、その独創性の輝きでわたくしの目を眩惑《げんわく》させたのに、わたくしは何らの個性も持っていないことをいつも悲しんだものでした。他人は、このすばらしい、近よりがたい性格をらくらくと着ています。なぜなら、他人にしても、その身になれば、自分の心中に在るあの空虚を感ずるのでしょうから。しかし、わたくしにとっては、他人は、世界の中で、一つの対象であり、一つの充実です。つまり、何ものでもないわたくしは、他人の存在を信ずるのであります。そのくせ、他人は対象ともまた別のものなのです。なぜなら、他人は、己れの超越の無限性を持っているのです。地平線の方に躍進しては、たえず地平線を後退させることのできる超越の無限性なのです。わたくしは神が存在するかどうか知りませんし、また、どんな経験も、神が存在するものであるとわたくしに教えてくれません。ユマニテも、ついぞ実現されません。ただ、他人だけは、そこにいます、わたくしの前にいます、自らの中に閉ざされ、無限に対しては開いて。もしもわたくしが他人にわたくしの行為を供したとしたら、わたくしの行為もまた無限の大きさを纏《まと》わないものでしょうか？

子供が一枚の図画なり、習字なりを書き終えると、さっそく、両親のところへ見せに飛んで行きます。子供には、ボンボンや玩具《おもちゃ》くらいに、両親の称讃がほしいのです。

その図画は、それを見る一つの眼を要求します。つまり、誰かにとって、これらのクシャクシャの線が、お舟になり、お馬にならなければならないのです。こうして、奇《き》蹟《せき》は行なわれます。そして、子供は色を塗ったくったその紙を自慢げにつくづく眺めます。すなわち、これ以後、そこには真の舟があり、真の馬がいるのであります。子供も自分だけだったら、こんなたどたどしい線に自信など持てなかったでしょう。もとより、われわれは、このようにして、自分たちの生命のあらゆる瞬間を硬いダイヤモンドに変えようとするわけではありません。しばしば、われわれは、他人の助力なしで自分たちの存在を完成しようと努力します。すなわち、わたくしは野原を歩きます。草の茎を折ります。足で石ころをけります。小山に登ります。いずれも、立会人なしでです。しかし、何人といえども、このような孤独で、一生満足できるものではありません。わたくしの散歩が終るが早いか、わたくしはお友だちにその散歩を物語る必要を感じます。つまり、カンドール王は、妻の美貌《びぼう》が、万人の目に光りかがやくことを望んでいます。ヘンリー・ソローは、森の中に何年間も一人で住んでいます。ところが、その代り、『ウォールデン』を書きます。そして、アラン・ジェルボー（訳注　フランスの航海家。小さな快走船で大西洋横断に成功す）は、『一人で大西洋を横断して』を書きます。聖女テレサでさえもが、『内奥《ないおう》の城、もしくは住家』を書き、サン・ジャン・ド・ラ・クロワは、自らの頌歌《しょうか》を書いています。

それならば、われわれは他人から何を期待しているのでしょうか？　他人がわたくしを運んで、終りのない生成を横ぎり、遠くまで連れて行ってくれると希望しては間違いだろうと思います。人間のいかなる行為とて、無限に拡《ひろ》がりません。他人が、わたくし以後に創《つく》りあげることは、もはや、わたくしのものではありません。わたくしが癒《い》やした病人が、最初の外出で、乗合自動車にひかれるとします。わたくしの療治が彼を殺したのだと、わたくしは言わないでしょう。わたくしが一人の子供を産みおとします。よしその子供が重罪人になったところで、わたくしは悪人ではありません。もしもわたくしが自分の行為の結果を際限もなく引き受けるとすれば、もはや、わたくしは何ひとつ欲することもできなくなるでしょう。わたくしは限定されているのです。わたくしは自分の終末を願わなければならないのです。しかし、わたくしの欲するのは、追い越されえない目的、真に目的である目的を選ぶことであります。そして客体が――それ自体としては凝結している客体が、もしわたくしを引き止めるのに充分でないとすれば、他人がその力を持っていないものでしょうか？

献身

他人がわたくしを必要とすると仮定しましょう。他人の存在は、一つの絶対的価値を持っていると仮定しましょう。すると、わたくしは自分の存在していることが正当とされたわけです。なぜなら、その実存が正当とされている一つの存在のために、わたくしは存在しているのですから。わたくしは危険から、心配から免れます。自分の前に一つの絶対的な目的をおくことによって、わたくしは自分の自由性を棄《す》てたのです。もはや、どんな質問も課せられません。もはや、わたくしは、わたくしを要求するあの呼び声への返答であることしか欲しません。主人は飢え、かつ、渇《かつ》しています。献身的な奴隷《どれい》は、飢えと渇きをいやすために、彼が用意する一皿の料理、彼が運ぶ一椀《わん》の水であることしか望みません。彼は自分自身をして一個の従順な道具たらしめます。もしも主人が要求したら、彼は自分を殺すでしょう。主人をさえ殺すでしょう。なぜなら、主人の意志の向う側には何ものも存在していないのですから。自分の幸福らしいものさえ存在していないのですから。自分の存在を発揮するために、奴隷は、存在を掌握している者の前では自分を品物にしようと欲します。多くの男たち、女たちに至ってはなおさら、わたしたち、犠牲になりましょう、と、いうような安眠を願っています。

しかし、だいいち、わたくしは誰の犠牲になるのでしょうか？　わたくしの生命が委《ゆだ》ねらるべきその生命の価値は、わたくしにとって絶対的なものに思われる必要があります。老いぼれで無能な亭主が、いったい、なんの役にたつのかと、もしも女房が自らに訊《たず》ねたとしたら、彼女はまた自らに訊ねるかもしれません。そんな亭主の犠牲になってなんの甲斐《かい》があるだろうか？　と。彼女は自らに訊ねないようにします。しかし、そうなると、彼女の安全性はきわめて不安定なものになります。だから、質問はたえず課さずにはいられないのです。わたくしは自分が条件なしで他人の存在を欲するような場合しか、安心して犠牲にならないでしょう。人格に対する愛情、称讃、尊敬を通じて、このような意志はわき起るものです。してみると、この子供に、この主人に、この廃疾者に、肉体、精神とも、わたくしが自分を捧《ささ》げることは正当なのでしょうか？　わたくしの存在は、こうして果されうるのでしょうか？

自らを献ずる人が、自分の周囲に忘恩しか出会わないのをこぼすことは往々にしてあります。彼の恩恵は相手を感動させないのです。むしろ、怒らしさえするのです。

彼は自分が正当に証明されることを期待していたのに、その証明を自分に与えうる唯《ゆい》一《いつ》の人によってさえ拒絶されます。彼は人間の非道を峻烈《しゅんれつ》に主張します。それにしても、彼の受ける拒否は、それ以上に確実な理由を持っていないでしょうか？ はたして献身は、献身だと称しているものに合致しているでしょうか？ そして、献身の目《もく》論《ろ》んでいる結果にはたして当っているでしょうか？

《僕は産んでくれなんて頼んだおぼえがない》と、親不孝の子供が言います。この文句によって、彼は父親の痛いところを衝《つ》きます。なぜなら、献身は、他人のための完全な自己放棄として最初は現われるからです。《わしはお前のためにしか生きてこなかった。わしはお前にすべてを捧げた》と、父親は言います。それにしても、まだ存在していない者のために自己を放棄することなどできるものでないということを、父親は充分認めなければなりますまい。子供を生殖することは、誰に身を献ずることでもありません。それは、無名の子供を介して、世界の中に己れを投げることですらあります。どんな他人の意志に従うこともなくして。《それはそうかもしれない》と、父親は言います。《しかし、子供がそこに存在するようになるや否《いな》や、子供は依頼した、要求した。そこで、わしは子供に与えた》《父は僕にすべてを与えたかもしれないが、父はそうしたかったからだ》と、親不孝の子供は言い返します。そして、実際、父親が子供の要求を承諾したのは自由意志からです。人間は自分の自由性を棄てることなど絶対にできるものではありません。自由性を棄てようとしたところで、ただ自分にそれを隠すだけのことです。自由意志から自分にそれを隠すのです。服従する奴隷は、服従することを選択します。そして、彼の選択はたえず新たにされるはずです。人は犠牲になります。なぜなら、人はそれを心から欲するから。人はそれを欲します、なぜなら、犠牲というこの方法によって、人は自分の存在を取り戻そうと望んでいるのですから……。《あたし、自分の生命も、自分の青春も、自分の時間も、すっかりあなたに与えたんだわ》と、侮辱された妻が言います。それにしても、もしも彼女が、彼女の青春を、彼女の時間を与えなかったとしたら、彼女はそれらをどう処理したことでしょう？　恋愛において、友情において、贈与という言葉は、きわめて紛らわしい意味を持っています。阿《おもね》られている暴君は、奴隷の奉仕を受けることによって、その奴隷に大きな恩恵を施していると思っています。つまり、もし奴隷が自分の奴隷の身分をよろこんでいるとすれば、その暴君は間違っていないわけです。哀惜の情をもって、母親はその成長した息子を、懇篤《こんとく》な看護婦はその快癒《かいゆ》した患者を、うち眺めます。《お前はもう私を必要としない！》この哀惜はしばしば苦情の形をとります。つまり、わたくしが他人の裡《うち》にたまたま見出《みいだ》すあの要求は、だから、他人がわたくしにしてくれる恵与だったのです。この場合、誰が得るのか、あるいは、誰が失うのか、あまりにも分りません。献身は、その対象になっている者をしばしば怒らせます。彼は何ものも要求したわけではないのです。彼の母親、彼の妻、彼の友人こそ、自分らの献身が容《い》れられることを要求しているのです。彼らは他人と不幸を楽しんでいるのです。理由は、他人の不幸を慰めてやることを希望しているからです。彼らは、自分たちを不要なものにさせる幸福を、一つの裏切りとして相手をなじります。献身が自己放棄でないばかりか、気むずかしい暴君的な外貌《がいぼう》を帯びることは実に往々でありま す。つまり、われわれが他人の幸福を望むのは、献身なしでなのです。献身に反してなのです。

そうだとすると、人が望んでいるのは、はたして、他人の幸福でしょうか？　人が献身を云々《うんぬん》しうるのは、ただこの条件においてのみであることは明白であります。他人が立てたのでない目的、つまり、わたくしの目的である目的を、もしもわたくしが立てるとすれば、わたくしは犠牲になるのではありません。わたくしは行為するのです。産んでくれることを頼まなかった息子、そして、今では逞《たくま》しい立派な若者になっている息子をうち眺めながら、《これはわしの作ったものだ》と、父親は誇らかに考えることができますが、《これはわしが自分を献じたものだ》と、申すわけには参りません。わたくしが他人によって決定された目的を目的とする場合にのみ、献身はあるのであります。そうだとすれば、他人のために、わたくしがその目的を決定してやることができると思うことは矛盾です。息子が好きな結婚をするのを妨げようとする横暴な父親は、それでも、息子のために自分を犠牲にしているのだと考えたがっているのかもしれません。ところが父親は、自分自身の幸福を思って、息子のために、その情況よりも、この情況のほうを選ぶのであります。父親は幸福というもののために行動しているのだと言明することによって、自分の意志を引き受けることを避けるのです。父親は、健康とか、富とか、名誉とか、そういう認められた価値の客観性を主張するのです。ベルナノスの『田舎司祭の日記』の中で、自分の不幸な妻をお説教で悩ますあの還俗《げんぞく》した司祭は、相手の幸福のために行動しているのだと思い込んでいます。つまり、相手を知ることは、一つの幸福ではないのでしょうか？　こうして、宗教裁判所判事は、幸福の名において、異端者を火炙《ひあぶ》りにさせます。この判事が異端者のために犠牲になるのだとは、誰だって主張しないでしょう。犠牲になるとは、他人のために行動することです。《ために》という言葉に、ドイツ語の《warum willen――何のために意欲するか》というドイツ語の言い方が表わす意味を与えれば、それは他人の意欲から発する呼び声に答えるということになります。自分の幸福として欲するものなら、それでは単に自分の幸福にすぎません。一つの目的が、それだけのものとして、一人の人間によって、条件なしで立てられる時、誰もその目的の持つこの性質を否認することはできません。そして、もしその人がこの目的に達しなければ、どんな知らない成功とて、この失敗を償うことはできますまい。そして、いみじくもヘーゲルが示したように、われわれが目的に達しようとする方法を、目的は包含するものであるということを注意しなければなりません。ここにひとりの子供が木に登ろうとしています。親切で、おせっかいの大人が、その子供を地面から上げて、一本の枝にあがらせてやります。子供はがっかりします。子供は木の上にいることだけを欲したばかりでなく、自分で登ることも欲したのであります。これによってただちに分るように、他人がわれわれの力によっては到達できないような富があるものです。他人がわれわれに何ごとか期待しており、かつ、その期待しているものを確実に与える場合以外には、われわれは他人のために何ごともできないのであります。

いわゆる献身の大部分は、だから、出発からして、その自負と矛盾しています。実際において、献身というのは圧制なのです。しかし、圧制的でない献身がありうるでしょうか？　わたくしは犠牲になろうと思います。わたくしは犠牲になっても、依然として自由であることを知っています。何ものといえども、わたくしの自由性の孕《はら》んでいる危険と苦悩からわたくしを解放しないであろうことも知っています。しかしわたくしは、他人の意志によって立てられた目的を、目的として取ることを自由意志で決めるのです。してみれば、わたくしの求めているのは真に彼の幸福ではないでしょうか？

しかしまず第一に、他人の意志がなんであるかを知ることが必要だろうと思います。これは思うほど生やさしいことではありません。どんな計画も時間を通して拡《ひろ》がります。時間は多数の要素的な計画を包含します。本質的な計画に合致する計画、それに反する計画、ただ偶然でそれに結びつく計画を区別することを知る必要があります。この場合、他人の意志と、他人の気紛れを区別しなければなりません。この回復期の病人は、医者の命令にもかかわらず外出したがっています。わたくしは彼の熱望に負けます。彼は病気をぶり返します。《わたくしには責任がありません。わたくしは、彼の欲したことをなしたまでです》誰もこの弁解を承認しないでしょう。《あなたが私の言うことなど聞いたからいけなかったのです》と、病人自身が怒って言うことでしょう。甘やかされていた子供は、大人になってから、甘やかしたからいけないのだと両親に非難をあびせかけるでしょう。この非難は苛《か》酷《こく》に見えるかもしれませんが、不当ではありません。わたくしが他人の欲望を知っているという事実によって、その欲望を超越します。その欲望はわたくしにとって与件でしかありません。そして、その欲望が他人の真の意志を表明しているかどうかを決定するのは、わたくしの一存においてです。なぜなら、人間は、瞬間の中にある人間とは別のものだからです。どんな言葉も、どんな身ぶりとて、各瞬間を追い越す幸福を決定することはできますまい。言葉を信用するのはきわめて軽率なことにちがいありません。エルミオーヌが、大声あげて、ピリュウスの死を要求したからといって、彼女が王の死を望んでいると信ずるのはオレストが軽率だったのです。特殊な行いもわれわれを納得させるのに充分ではありません。つまり、調査することができてしかるべきなのは一つの生活の総体なのです。悪意の策略の裏をかくことによって、精神病医は、自分の患者に、患者の目的である目的、そのくせ、患者が告白するのとは別の目的である目的を発《あば》いて見せます。われわれは、自分たちが賞讃する人たち、尊敬する人たちの洞察力を信用するものです。しかし、信用することも、一つの決意を必要とします。他人の幸福というのは、他人が欲しているところのものであります。しかし、他人の真の意志を見分ける段になると、われわれは自分たちの唯一の判断力に頼るほかできません。

この点で、ふたたび暴君になることにならないでしょうか？　父親が自分の息子の幸福について、息子自身が判断する以上によりよく判断していると考えることは、専制的な父親にとって容易なことでしょう。《窮極のところ》と父親は言います。《わしの息子はわしと同じことを望んでいる。息子が意地を張っているのは無知のためである。軽率のためである。いずれ後になったら、自分の誤りが分るだろう》この父親は、現在の息子を、来たるべき息子に訴えているわけです。ところが、未来においても、現在と同じく、どんな確実性にも出会わないでしょう。未来の服従は、今日の反抗よりも真実でしょうか？　たとえ今日の反抗が父親を不安にさせないとしたところで、何ゆえ、自分の当てにしている恭順が彼を満足させるのでしょうか？　あんまり子供が従順すぎて、かえって両親が心痛するということさえ起りえます。両親の幸福を受け容れる青年の口から、もはや、両親たちは、かつて自分たちの屈服させたあの少年の声を聞きません。彼らが望んでいたのは、この青年の幸福ではなくして、この青年の中に今もって存在しているに違いないあの少年の幸福なのです。ここにおいて、彼らは一つの幻覚のオトリに引っかかったのです。つまり、一つの生命の連続的な瞬間は、それらの追越しの中に保存されてはいません。それらはバラバラに切り離されているのです。人類に対するように、個人に対しても、時間は前進ではなくて、区分なのです。人は人類全体のために行動することは絶対できないと同様、一人の人間全体のためにも決して行動しません。一人の人間の意志は、一生涯を通じて、同じものではいません。来たるべき誹謗《ひぼう》、あるいは、来たるべき称讃は、客観的な証明ではなくて、新しい計画であるはずです。その人が是認し、あるいは、否定する計画から、何らの特権も享有《きょうゆう》しないところの新しい計画であるはずです。そこにあっては、あらゆる瞬間の融和が行われるというような、そんな生命の瞬間は一つとして存在するものではありません。人は他人の幸福をはっきり知ることができないばかりでなく、それはこの幸福だと、あくまで言えるような一つの幸福が存在するわけではありません。一人の人間の異なった計画によって設定されたこれらの異なった幸福のうち、どれかを選ばなければならないことがしばしばありましょう。大人のために子供を裏切るか、それとも、子供のために大人を裏切らなければならないのです。

だから、人が己れを犠牲にするのは、危険の中であり、疑惑の中であります。どちらかに決めなければなりません。そして、われわれは何ものにも自分たちの選択を強いられることなく選択すべきであります。しかし、このような選択を設定することは、明らかに、われわれの自由性に属しています。もしも、わたくしの興味をそそるのは、子供が成るであろうところの大人であって、子供でないとすれば、わたくしは、子供よりも、大人のほうにすることを選ぶでしょう。それとも子供は現存するから、わたくしはその子供を愛するから、わたくしは自分の知らないそんな未来の大人には無関心だから、わたくしは子供のほうを選ぶかもしれません。献身は、われわれの行為が、ここで、あるいは、あそこで、限界されることを要求するからと言って、ただそれだけで人は献身を責めるわけにはいきますまい。われわれは、自分たちのうちに限界を創《つく》ることによってしか絶対に行動しないからです。

それゆえ、わたくしは、自分の行為の自由性を、その行為が孕む危険を、その行為の成功の限界を意識したうえで、わたくしのほうに上って来るあの呼び声に答えるべくふたたび決心するということにしましょう。子供はわたくしに玩具をねだります。わたくしはそれを子供に与えます。子供は幸福です。子供の歓《よろこ》びを見て、わたくしは満足することができないでしょうか？　愛想のいい母親は、玩具が気に入って、にこにこ笑っている子供を眺めています。しかし、子供の微笑が凝結します。つまり、子供は今度、タイコか、カブトがほしいのです。古い玩具はもう興味ありません。《次は？》と、子供はいらだたしげに言います。母親は子供を満足させようと、いろいろ工夫しても無駄でしょう。相もかわらず、《次》があるでしょうから。献身は他人を満たそうとします。しかし、一人の人間を満たすことなどできますまい。一人の人間は決してどこにも到着しません。その人間の後について行ったところで疲れるだけで、自分も決して到着しないでしょう。人間は超越性だということを思い出しましょう。

つまり、人間が何かを要求するのは、それを追い越すためにしか要求しないのです。病人は看護を要求します。わたくしが看護してやります。病人は回復します。しかし、彼がわたくしのおかげでふたたび見出す健康は、もしもわたくしが健康自体に彼を止めておくならば、それは一つの幸福ではありません。つまり、その健康が一つの幸福になりうるのは、彼がそれから何ものかを造る場合に限られています。もしも、彼がその健康を使用するのをわたくしが阻止したとしたら、彼は怒って詰問《きつもん》することでしょう。《なぜ私の生命を救ったのです？　なぜ私に生命を与えたのです？》と。よくあるお噺《はなし》ですが、死の危険から救われた英雄が、日を定めて、生命を返却することを救い主によって強制されているというような物語が、われわれにひどく残酷に思われるのもこの理由によります。救われた人間は、自分が貰《もら》ったものとはぜんぜん別のものを返却することでしょう。すると、文句の多い恩人は、無謀な暴君面《づら》をします。わたくしは他人のために出発点しか創らないのです。父親が息子に恵んでやった健康、教育、財産を、息子は施金としてではなく、自分のみが活用できる可能性として見るに相違ありません。他人を打ち建てるのはわたくしではありません。わたくしは単なる道具にすぎず、その道具を使って、他人が己れを打ち建てるわけです。わたくしの贈品を超越することによって、彼は一人で、自分を存在させるのです。

父親、恩人のたぐいは、しばしば、この真理をわきまえません――。《彼を今日あらしめたのは私だ。私は彼を無一物から仕上げたのだ》と、彼らは自分たちから恩を受けた者たちを指しながら言います。他人が、自分の存在の基礎を、自分自身の外側に、つまり、彼ら恩人の裡に認めることを、彼らは望んでいるわけです。このような謝恩は往々見うけられます。《あなたがいなかったら私はどうなっていたでしょう？》とは、災難を免れた男が血迷ってよく口にする文句です。彼はその災難の向う側に身を投げることを拒むのです。人は相手の情況を救うことによって、相手自身を救ったことになるのです。しかし、高邁《こうまい》な人なら、与えられた物と自分とを混同することを、自分の自由性を否認することを、断固として拒絶します。彼は人から何をしてもらおうと、自分の存在まで影響されたとは思いません。つまり、彼の存在をつくるのは、彼だけなのです。ここにこそ、子供と両親を仲たがいさせがちな、あの誤解の本質的な源泉はあるのです。《お前はわしに生命を負うている》と、父親は息子の恭順を要求して言います。しかし、一つの生命を与えることは、一つの自由性をおさえるどんな権利も授けはしません。父親は最大の恵与を子供になしたと考えています。なにしろ、子供をこの世界に産みおとしてやったのですから。しかし子供は知っています、この世界における彼の現存によってしか、彼にとって世界はないということを。彼自身の計画によってしか、彼自身は存在していないのです。彼の家柄、彼の教育は、人為的なものでしかなく、ただそれを追い越すことが彼にとって問題なのであります。人が彼のためにしてやったことは、彼の自由性が超越する位置の一部なのです。つまり、彼はこの位置か、それとも、あの位置にいなければならなかったのです。つねに彼は他所《よそ》にいる以上、自分の位置と一致しようがありません。

献身の根本的な誤謬《ごびゅう》は、人が他人を見る場合、心中に一つの穴ぼこを持っている対象物としてであり、自分なら、その穴ぼこを埋めることができると思うことであります。未来を狙《ねら》う時でさえ、なおかつ、彼はこのような欠乏を仮定します。一人の息子が結婚しようと思っています。この結婚は彼に重い負担となるでしょうし、彼を悲惨に導く虞《おそ》れがあります。彼の父親はそれに反対して、こう言います。《わしは彼の幸福のために行動する》それにしても、いまだ実存していない人、自分の前にいかなる幸福も投げないその人のために、父親はどんな行動をするというのでしょう？ 父親は自分を抜きにした場合の息子を想像します。すなわち、苦労で押しつぶされた悲惨な男です。ついで、父親は自分のおかげを蒙《こうむ》る場合の息子を想像します。すなわち、金持ちで、自由な男です。そして、父親は、この金持ちで、自由な男の中に、悲惨から自分の手で救われた一人の悲惨な男を見ようとします。ところが、その悲惨な男なんて、どこにも実存していないのです。どんな呼び声とて、その男の唇から上って来ません。そこには、埋めるべき穴ぼこなどなかったのです。同様に、生きていることを楽しんでいる子供があるとしても、それは、産んでくれるように頼んで、そして、生れた子供ではありません。小さいころ、わたくしは、決して生れない子供たちのことをよく考えたものでした。生れないのだけれど、あたかもどこかに実存していてもいるかのように、あたかも聞えなかった呼び声、埋められなかった穴ぼこででもあるかのように、一種の目眩《めまい》をもって考えたものでした。しかし、それは子供っぽい空想でした。生命はどんな苦痛な不在にも先行されなかった、一つの充実性なのであります。

　これはケルトの伝説ですが、一人の若い女に予言する者があり、もし彼女が今夜のうちに子供を産むなら、その子供は《立派な神官》になるだろうし、もし彼女の分娩《ぶんべん》が翌日になれば、その子供は大王になるだろうとのことでした。そこで、彼女は健気《けなげ》にも、一晩じゅう、石の上に坐《すわ》っていました。子供は朝になってやっと生れました。頭のぺしゃんこになった子供でしたが、大王になりました（原注『オラースとキュリアース』の中でデュメジルによって引用）。この場合、この健気な母親は、息子のために自分を犠牲にしたのではないことは明らかに分ります。すでに息子は実存していたという範囲内において、ただ息子は産んでもらうことしか頼まなかったのです。そして、もし未来のことが気になる人がいるなら、その子供がたとえ賢明な神官になっても、神官であることが幸福であったろう、と、考えればいいわけです。なにしろ、王様の存在を選んだので、神官の存在を断ったわけですから。どっちにしても、子供はその天職を完全に完《まっと》うしたことでしょう。或《あ》る意味において、つねに人間は、今後在ろうとするところのすべてであります。なぜなら、ハイデッガーも示しているように、人間の本質を決定するのは人間の存在だからです。だからと言って、あの若い母親は、彼女自身のために行動したと信じてはいけません。利害に関するモラルの誤謬は、献身の誤謬と同じであります。まず、わたくしの中に、あるいは、他人の中に、一つの穴ぼこがあると仮定します。そして、もしわたくしの行為の場が初めに掘られていなかったとしたら、わたくしは行動することができないと仮定します。ところが、わたくしの行為は、呼ばれることなど待っていません。わたくしの行為は未来に向って、どこにも予示されていない未来に向って、噴出します。わたくしの行為を創り出すのはつねに未来なのです。そして未来は、新しい、無償な充実性として、世界一面に爆発するのです。人は、他人のためにも、自らのためにも欲しません。人は無のために欲するのです。そして、これこそ、自由性というものです。伝説の若い母親が、王になるであろう息子を欲したのは、無のためです。現実の母親が、丈夫で、金持ちで、教養のある男に自分の息子がなることを欲するのは、無のためです。そして、いい意味の母性愛の感動的な性質をつくるところのものも、実にこれなんです。われわれは他人のために出発点しか創り出さないのであり、しかも、自分たちのために、その出発点を、目的として欲しなければならないということを感銘すべきであります。

寛大な人なら、自分の行動は他人の外側にしか達しないことを弁《わきま》えています。彼が要求しうることといえば、この自由行動が、それから利益をうける人によって、根拠のない純然たる人為的なものと混同されないことであります。つまり、その自由行動が、あくまで自由なものとして認められることであります。忘恩者はこのような認め方をしばしば拒絶します。彼は自分が他人の自由性によって対象物として狙われたと思いたくないのです。つまり、自分ひとりの自由性だけを信じたいのでしょう。だから、彼はつとめて自分の恩恵者のことを考えまいとします。あるいは、自分の恩恵者のなかに一つの機械的な力のみを見ようとします。彼は説明します、恩恵者は虚栄で行動したのだ、勿体《もったい》ぶって行動したのだと。もしも恩恵者の決意が、心理学的決定論に従ったものとして現われるならば、もはや、相手の気を損ずることはありません。もはや、それは他の多くの事実の中にはさまっている一つの生《なま》の事実にすぎません。解明され、同意された謝恩の中では、たがいに矛盾するかに見えるあの二つの自由性、他人の自由性とわたくしの自由性を相対して支えることが可能でなければなりません。わたくしは、自分を、対象物としてと同時に、自由性として捕えなければなりません。わたくしは、自分の位置を、他人の手で打ち建てられたものとして認め、その位置の向う側にわたくしの存在を確認しなければなりません。

この場合、借金を返すことなど問題ではありません。報酬として他人に支払うことのできるような金銭など存在していないのです。他人がわたくしのためにしてくれた事と、わたくしが他人のためにしてやるだろう事との間には、どんな尺度もありえないでしょう。謝恩のあらゆる心遣いから解放されるために、或る人は、贈物によって恩恵を償おうと試みます。この贈物は相手を感動させません。相手を傷つけます。こういう贈物はまるで奉仕の値段のように見え、これでは奉仕の価値を、物品の価値として計ろうとするようなものです。或る寛大な行為に対する感謝として与えられたチップは、侮辱であります。すなわち、その行為は、無報酬で、無のために行われたのではなく、欲得でなされたのだと仮定することによって、その行為の自由性を否認することになります。もともと、寛大性というのは、己れを知り、己れが自由であることを欲し、そして、ありのままに認められる以外には何ものも請求しません。われわれの行為をリードすべきものは明晰《めいせき》な寛大性であります。われわれは自分たち自身の選択を引き受けるでしょう。自分たちの目的として位置を設定するでしょうし、その位置は他人にとって新しい出発点となるでしょう。だからといって、人は他人のためにに何かすることができるなどという希望のオトリに誘われてはいけません。実にこの点なのです。この献身の検討を終えるに際して、われわれが学び取ろうとするのは。つまり、献身の主張が正当とされることなどありえますまい。献身が立てる目的など不可能です。われわれは他人のために自分たちの自由性を棄《す》てることも、丸ごと一人の人間のために行動することもできないばかりでなく、われわれはどんな人間のためにも何をすることさえできないのです。なぜならば、われわれから彼に酬《むく》いてやれるような、そんな不動の幸福は彼のために一つとして存在していないからです。われわれが彼を入れてやることのできるような、そんな楽園も決して存在していないからです。彼の真の幸福、それは、とりもなおさず、彼のみに属している自由性です。どんな与件の向う側にも彼を運んで行く自由性です。この自由性はわれわれの手の届かぬところにあります。神でさえもがその上に何らの手がかりも持ちますまい。

もしもわたくしが、一人の人間の意にそって何ごともできないとすれば、その人間の意に反してすることも何ひとつできません。尊大な人が見くびる死刑執行人の憤怒《ふんぬ》は、自分の子供をうまく満足させることのできない母親の当外れと相通ずるものがあります。死刑執行人はどんなに躍起になったって駄目なんです。もしも彼の犠牲者が自分の自由であることを欲するならば、刑罰の中ででも依然として自由でいるでしょうから。そして、争闘と苦痛は犠牲者を偉大にすることしかしません。彼が自分の裡《うち》に自分の死をいだいていたという理由によってしか、人は彼を殺すことができないのです。この死が明日でなくて、今日突発したことが不幸だなどと、われわれはどんな見解から言うことができましょうや？　どうして一人の人間を害《そこな》いえましょうや？　ソクラテスに毒人参《どくにんじん》の毒薬を飲ませることは、彼を害うことだったでしょうか？　ドストエフスキーを徒刑場にやることは、彼を害うことだったでしょうか？

もとより、暴力は存在しています。人間は自由なものであると同時に人為的なものでもあります。彼は自由なのです。といっても、ストイシャンなどの設定したようなあの抽象的な自由性ではありません。彼は位置において自由なのです。この場合、すでにデカルトがわれわれに暗示しているように、彼の自由性と彼の権能を区別する必要があります。すなわち、彼の権能は有限であります。そして、人は外側からその権能を増加することも、あるいは、制限することもできます。人は一人の人間を牢獄《ろうごく》にぶち込むことも、引き出すことも、腕を一本切ることも、翼を貸すこともできます。しかし、彼の自由性は、いかなる場合でも、依然として無限です。自動車と飛行機は、われわれの自由性に関するかぎり、何ものも変えませんし、その点、奴隷《どれい》の鎖もまた何ものも変えません。すなわち、彼は自由意志で死んで行くままになり、あるいは、生きるために自分の力を集中します。自由意志で諦《あきら》め、あるいは、反抗し、つねに自分を追い越します。暴力が働きうるのは、ただ単に人間の後天的なもの、人間の外側だけのことです。人間がその目的に向って躍進するのを暴力が阻止する時でさえ、暴力は相手の心臓をつきません。なぜなら、彼は自分が立てた目的と向い合っていてもなおかつ自由だからです。彼はこの暴力と混同されることのない自分の成功を望んでいました。彼は成功を超越したであろうように、自分の失敗を超越することができます。そして、高邁な人は、謝恩を拒絶するように、同情も拒絶するのは、やはりこの理由によります。つまり、彼は充満されるということは絶対にありません。しかも、空穴《からけつ》にされることも絶対ありません。彼は人から同情されることを欲しません。つまり、彼は、自分の幸福の向う側にいるように、自分の不幸の向う側にもいるのです。

だから、われわれは他人にとって一つの道具でしかないのです。カントの鳩《はと》に抵抗しながら、それを支えている空気と同様、われわれが障害物である時でさえなおかつそうです。一人の人間は、もし彼に何ごとも起らなかったとしたら、何ものでもないでしょう。そして、彼の生誕を手初めに、何ごとかが彼に起るのは、つねに他人によってです。もしも他人が道具であることを拒絶するならば、他人を道具として扱うことなどできますまい。むしろ反対に、わたくしのほうが彼の運命の道具になるのです。そして、この理由で、他人に対するわれわれの行為が、あのように重苦しく思われると同時に、ほとんど重量がないようにも思われるのです。もしもわたくしがこの路上を通らなかったら、もしもあれらの言葉を口にしなかったら、もしもわたくしがそこにいなかったら、おそらく、他人の生活はぜんぜん別ものになっていたことでしょう。しかし、それでも、それは彼の生活であったでしょう。われわれの言葉なり、われわれの身ぶりなりが一つの意味を帯びるに至ったのも、他人によってなのです。他人がそれを自由意志で決定したのです。わたくしが存在していなかったところで、他人の周囲にあって、すべては同じように充実していたことでしょう。

そうだとなると、われわれの行いは、他人に対してすべて無関係なものだと結論しなければならないのでしょうか？

およそ、それより遠いのです。われわれの行いが、他人にとって無関係なのは、ストイシャンなどが《ουκ εφημωγ》と呼んでいるところの物、すなわち、われわれが自分では欲しなかった物の一部をなしている場合であります。しかし、そのものはわたくしには関係しています。それはわたくしの行いであり、そして、わたくしにはその責任があります。これは、キリスト教の中にその最も著しい現われが見出《みいだ》されるパラドックスなのです。すなわち、クリスチャンは、他人にとって、神の手に握られている道具でしかないのであります。そのくせ、彼は、自分の行為のことごとくを神に負うているのであります。もしも病気と貧乏が神によって望まれた試錬であり、魂にとって良薬であるなら、病人を介抱し、貧乏人をいたわったとてなんの甲斐《かい》がありましょう？　クリスチャンの父親は、その暴君的な行いが娘の死をうながし、あるいは、早めたのですが、自分を弁解するために言うのでした。《わしは神の手に握られている道具でしかなかった》と。クリスチャンは知っています、自分を通して、行動しているのはつねに神であるということを。たとえ彼が隣人を誘惑に引き入れてさえ、それは隣人が誘惑されなくてはならなかったからです。そのくせ、キリストは言っています。《邪道に導く者に禍《わざわ》いあれ》と。真摯《しんし》で慎重なクリスチャンなら、《私は道具でしかない》などという、こんな卑怯《ひきょう》な保身術を拒絶します。なぜなら、他人にとり、もし彼が口実でしかないなら、救済の、あるいは、破滅の機会でしかないなら、彼は神の前で自由だからです。死は、わたくしの殺す人間にとり、悪ではありません。つまり、わたくしの犯罪を通して、彼を呼びよせようとしているのは、神の意志だからです。ところが、その人間を殺すことによって、わたくしとしては罪を犯したのであります。わたくしの行為は、他人にとっては与えられたものでも、わたくしにとっては自由な行為です。かようにして、人が何かを欲しうるというのは、キリスト教的見解からすれば、他人のためでは決してなく、神のためなのです。人が遂行すべきなのは、自分自身の救済で、他人の救済などなすことはできますまい。そして、この点にこそ、他人のために存在する唯一《ゆいいつ》の幸福はあるのです。この真理は別の言葉で表明することができます。すなわち、自由性たるかぎり、他人はわたくしから根本的に切り離されているのです。他人というこの純然たる内面性――デカルトも力説したように、神さえもがその上に手がかりを持つまいと思われる、この内面性に対して、どんな関係もわたくしから創《つく》り出されえないのであります。わたくしに関することと言えば、それは他人の位置なのです、それがわたくしによって打ち建てられた限りにおいて。他人が自由であるという口実で、わたくしはこの位置の責任を免れることができると信じてはいけません。他人が自由であるというのは、他人のことで、わたくしの知ったことではないからです。わたくしとしては、自分にすることのできること、自分のすることの責任を負います。どんな控え目でも、どんな暴虐《ぼうぎゃく》も大目に見てやるような、都合がよくて偽りの考え方があります。飽食して、太平楽のエゴイストは言明します。《失業者、俘虜《ふりょ》、病人は、おれのように自由だ。人間が最悪の状態でもやはり自由でいられるなら、なにも戦争や貧乏をいやがることもないだろう?》しかし、貧乏人だけが、自分の貧乏のただ中で、自分を自由だと言明することができるのであります。この貧乏人を助けることを差し控えているわたくしは、この貧乏顔そのものであります。この貧乏を拒絶し、あるいは、受け容《い》れる自由性は、わたくしにとって絶対に存在していないのであります。この自由性は、ほんとうに貧乏に見舞われた人にとってしか存在していないのです。わたくしが、その貧乏を受け容れることができ、あるいは、拒絶することができるのは、その貧乏人の名前においてではなく、わたくしの自由性の名前においてです。

そして、わたくしは受け容れ、あるいは、拒絶しなければなりません。という意味は、わたくしは他人のためにも、他人にさからっても、何ひとつできないということです。だからといって、そのため、わたくしは、他人とわたくしとの関係の懸念《けねん》から解消されるわけではありません。なぜならどのみち、わたくしは彼の前に存在しているのですから。わたくしは自分の位置に、彼に対して、存在しています。彼にとっては、彼以外の存在という、つまらないものの一部として。つまり、わたくしは彼の位置の人為的なものなのです。この時から、他人は自由になります。やっと、この時からです。すっかり自由になるのは。といっても、一切に対して自由だというわけではなく、わたくしに対するかぎりという意味です。他人の上にのしかかる宿命的なもの、それはいつもわれわれであります。つまり、宿命的なものとは、あらゆる他人の自由性が、各人の方に向ける凝結した顔なのです。ドストエフスキーが、《各人は、あらゆる人の前で、あらゆることに責任がある》と言っているのも、この意味であります。おとなしかろうが、騒々しかろうが、われわれはいつも地球の上にのしかかっています。どんな拒絶も選択であります。どんな沈黙も声であります。われわれの受動性さえもが、意欲されたものなのです。選択しないためには、選択しないということをなおかつ選択しなければなりません。とうてい、逃げられっこありません。

交　流

　かようにして、他人とわたくしとの関係の初歩の分析は、わたくしを次のような結果に導いたのです。すなわち、他人はわたくしに何ものも要求しません。他人はわたくしが埋めなければならないような穴ぼこなど持っていません。わたくしは他人のなかに、わたくし自身に関する既成の証明など見出《みいだ》すことはできません。そのくせ、わたくしの行為のそれぞれは、世界の中に落ちながら、他人のために新しい位置を創《つく》り出してやります。この行為を、わたくしは引き受けなければなりません。わたくしは或《あ》る位置を欲し、その他の位置を拒絶します。しかし、そうだとすると、それらの位置が、無関心なものとして、わたくしの目に映らないというのは、わたくしがそれらの中から選ぶことができないというのは、いったい、どうしてでしょうか？　それらの位置は、どういう点でわたくしに関係しているのでしょうか？　他人とわたくしとの真の関係は何なのでしょうか？

　まず、あやまった客観性の誤謬《ごびゅう》から遠ざかる必要があります。くそまじめな人は、健康、富、教養、娯楽を、その相場表が天に書き記してあるような異論のない幸福だと考えています。ところが、彼は幻覚にだまされているのです。ちゃんと定まった価値――その等級はわたくしの決定次第ですが――のごときは、わたくしなしには存在していないのです。一人の人間の幸福とは、その人が自分の幸福として欲するところのものです。しかしながら、この意志はわたくしの意志を決定するのに充分でありません。はたして、この人は自分の幸福に達するでしょうか？　これは問題ずみですが、一人の人間でさえもが区分されているのです。彼の現在と未来のうち、しばしば、われわれはどちらかを選ばなければなりません。そして、人間は世界に一人だけではないのです。違った人たちの違った幸福は違っています。彼らのうちの或る人たちのために働くことは、往々、他の人たちに逆らって働くことになります。他人の幸福を望むなどという、そんな呑気《のんき》な気休めに止まっていられるものではありません。われわれが決定しなければならないのは、われわれの幸福です。カント流のモラルの誤謬《ごびゅう》は、世界におけるわれわれ自身の現存を考慮外におこうとした点であります。かようにして、そのモラルとは抽象的な公式に帰着するにすぎません。一般的に言う意味の人格に対する尊敬だけでは、われわれを導くのに充分でありません。バラバラに切り離されて、対立している個人にわれわれは用事があるのです。つまり、人格なら、そっくりそのまま、犠牲者の中に、そして、死刑執行人の中に、存在しています。犠牲者を死なせる必要がありましょうか？　それとも、死刑執行人を殺す必要がありましょうか？

これはすでに問題ずみですが、もしもわたくしが世間から身を退《ひ》くならば、もしもわたくしが、人間の位置を、それに何ら人間的な見解を採用することなく、批判解剖するという矛盾した主張を持つならば、それらの位置は、相互に比較しえないものとして、わたくしの目に映ってきます。そして、わたくしは何ものも欲することができなくなります。静観の態度は、どんな選り好みも許しません。それは在るものを無頓《むとん》着《じゃく》に引き渡すにすぎません。主体が客体を超越する時にしか、選り好みは存在しないのです。つまり人は、或る限定された観点から、或る目的のために選ぶのです。人があの果物よりもこの果物のほうを選ぶのは、この果物のほうを食べるためであり、あるいは、描くためであります。しかし、もし人が、その果物からなすべき何ごとも持たないならば、選り好みという言葉はどんな意味も失ってしまいます。《あなたは山を好みますか？　それとも、海を好みますか？》を、《あなたは山に住みたいですか？　それとも、海に住みたいですか？》と解さなければなりません。もしも人が着物を縫いたいとも、自転車に乗りたいとも思わないならば、自転車とミシンのうち、どちらか選ぶことなどできますまい。過ぎ去った一瞬は、それをわたくしが自分自身の計画によって超越するかぎりにおいて、より良き瞬間として、あるいは、より悪《あ》しき瞬間として、わたくしに現われることができます。すなわち、もしもわたくしが文化の開花を願うとすれば、わたくしは中世紀よりもルネッサンスのほうを好むことになります。わたくしは、ルネッサンスを、わたくしの目的に向う歩みだと考えるのであります。しかしわたくしは、自分の定めた目的との関係においてしか、前進を云々《うんぬん》することはできないのです。もし人が、わたくしを、あらゆる位置の外に運び出すならば、どんな与件もわたくしにとっては同じようにどうでもいいものに思われます。歴史の種々異なった瞬間の中から選び出すということは、だから、わたくしにとって不可能事であります。それらの瞬間はわたくしに与件として、現われます。それらの瞬間のことごとくが、一つの超越の凝結した躍進を表わしている点では同質のものとして現われ、それらの存在のそれぞれ異なった人為性においては根本的に異質のものとして、現われます。つまり人は、同一性のただ中においても、絶対的な分裂の中でも、等級を確立することはできないのであります。人は馬の美質と犬の美質を比較することはできまい、と、スピノザが言ったのは当っています。伽藍《がらん》の建築狂の生活と、飛行家の生活と、どちらのほうがそれ自身において価値があるか決めることなどできるものでしょうか？　もしもわれわれが、彼ら二人に共通な人間的要素を考えるならば、それは彼らのめいめいに完全に在るのであります。

これはモンテスキューが『本当の噺《はなし》』の中で物語っている話ですが、或る日、神様が一人の貧乏人の前に現われて、王様でも、金持ちの地主でも、裕福な商人でも、自分の好きなものにしてやると言いました。いつもこの貧乏人は、こういう人たちの幸福をうらやましく思っていたのです。貧乏人は躊躇《ちゅうちょ》しました。そして、いざとなると、どんな身分の交換も決心することができず、結局、自分自身に止まりました。人はそれぞれ他人の運命をすぐうらやましがる。しかし、たれ一人として他人になることは承知しまい、と、モンテスキューは結んでいます。そして、事実わたくしは他人の境遇をうらやましがります。ただし、わたくしが自分で追い越すような出発点として、それが現われてくれればです。しかしながら、それ自らの中に閉ざされ、凝結し、わたくしから切り離されている他人の存在は、どんな欲望の対象にもなりえません。わたくしが欲望し、わたくしが選択し、わたくしが拒絶するものは実にわたくしの生命のただ中からです。

《どうして選んだらいいか？》という質問に、もし答えることができるとすれば、それはわれわれの各人が、実際において、各人の生命のただ中にいるからです。《ぼくはいちばん大きいのがほしい》と、子供が母親の切りおえたお菓子をものほしそうに眺めながら言います。《なぜこのお菓子はほかの人のでなくて、坊やのものなんでしょう？——だって、それはぼくだもの》商売上手な商人は、客の心に、この特典の味を養うことを心得ています。《二十フランにいたしておきましょう。しかし、これは奥さんだからですよ》と、商人は、いい気持になっている主婦に言います。彼女はやすやす相手を信用してしまいます。わたくしが誰であってもかまわないのは、どうしてでしょうか？　他の人たちは、客体としてしか存在していないのです。われわれだけが、自分たちの内性と自由性の中で、自分たちを把握《はあく》するのです。つまり、主体なのです。先ほどの子供が、主婦が、幼稚に見えるのは、自分たちの特権が他人の目にも実存していると思い込んでいる点であります。すなわち、各人は自分にとってしか主体ではないのです。ところが、わたくしが誰であってもかまわないのは、ただ他人の目にだけであるのは事実であります。そして、わたくしがわたくしであることを中止するという、存在することを中止するという、この奇妙な見解をわたくしが実現することを、モラルといえども要求することなどできますまい。立派に、わたくしは存在しているのであります。他人の前に、そして、他人自身がいる位置の前に、わたくしは位置しているのであります。そして、わたくしが選択し、意欲することのできるのは、実にこのおかげであります。

だから、わたくしの位置は、他人の前でなんであるかを決定しようと試みることが、目下、われわれにとって必要なのであります。ただこの時からのみ、われわれは自分たちの行為の一つの根拠を見出そうと試みることができるでしょう。

ジャン＝ポール・サルトルが、《否定的なもの》と呼んでいるところのもの、すなわち、空虚、欠乏、不在が、世界の中に忍び込むのは、ただ人間の現存によるのみだということをわれわれは知りました。或る種の人たちは、この否定的なものの持つ力を行使するのを拒絶します。彼らの周囲にあっては、すべてが充実しているからです。彼らは、他のいかなるもののためにいかなる場も見ません。新規なものは何にかぎらず彼らを威《おど》します。彼らには改革も力ずくで課さなければなりません。《むかしはこんな発明がなくてもけっこう住めた》と、彼らは言います。それに反して、他の人たちは待っています。彼らは希望し、要求します。しかし、彼らが要求するのは、わたくしではありません。そのくせ、わたくしが彼らによって必要なものだと思われたいのは、わたくしの存在が特異だという点においてです。わたくしの書く書物は、あらかじめ穴ぼこの形にきちんと合わせておいて、その穴ぼこを埋めに来るわけではありません。最初に書物が存在しているのです。そして、ひとたび書物が存在するや、この現存を不在の裏側として捕えるのは読者のすることであります。つまり、読者の自由性のみがそれを決めるのであります。《むかしは鉄道がなくて、飛行機がなくて、どうしてすまされたのでしょう？　ラシーヌのないフランス文学が、カントのない哲学が、どうして考えられたのでしょう？》人間は、自分の現在の満足の向う側へ、既往に溯《さかのぼ》って、自分の後方に、一つの要求を投げます。そして、じっさい、彼の存在する今、飛行機は一つの要求に応ずるのであります。しかしそれは、彼が存在することによって創り出した要求であります。もっと正確には、彼の存在以後、或る人たちが自分勝手に創り出した要求であります。われわれが世界の中に出現させるこの新しい充実性、その居場所を作ってやるのは人間の自由性のすることであります。その場所は今まで在ったわけではありません。それを作ったのはわれわれでもないのです。われわれはそれを満たす対象物を作ったにすぎません。ただ他人だけが、われわれの彼に与えるものから一つの要求を創り出すことができます。どんな呼び声も、どんな請求も、他人の自由性から来ます。わたくしの打ち建てた客体が、一つの幸福として現われるためには、他人がその客体から自分の幸福をつくる必要がありません。つまり、こうしてわたくしは、その幸福を創り出したことを証拠だてられたわけです。他人の自由性のみが、わたくしの存在を必要とすることができます。だから、わたくしの本質的な要求は、わたくしの面前に、自由な人たちを持つことです。つまり、わたくしの計画があらゆる意義を失うのは、人がわたくしの死を宣告する場合ではなく、世界の終りを宣告する場合なのです。侮蔑《ぶべつ》の時代は、絶望の時代でもあります。

かようにして、各人が己れを超越するのは、他人のためではありません。人は多くの書物を書きます。今までどこでも要求されたことのないような種々の機械を発明します。それもやはり自分のためではありません。なぜかというに、《自分》というのは、自分を世界の中に投げる計画そのものによってしか存在しないからです。超越という事実は、あらゆる目的、あらゆる証明に先行します。しかし、われわれが世界の中に投入されるや否《いな》や、ただちに、われわれは、偶発性から、純然たる現存の無償性から、逃れようとします。つまり、われわれは、自分たちの現存が、打ち建てられ、必要なものになるために、他人を必要とするのであります。

ヘーゲルが信じているように、自我の純然たる抽象的な形態を、われわれの裡《うち》に認めさせることは問題ではありません。わたくしは、自分の存在を、それが、自分の行為の中で、仕事の中で、生活の中で実現されているとおりに、世界の中に維持しようと思うのであります。行為とか、仕事とか、生活とか、わたくしが世界の中に存在させる、こういった客体においてのみ、わたくしは他人と交流することができるのです。

もしわたくしが何ものをも存在させないとすれば、交流もなければ、証明もありません。しかし、たいていの人たちはここでワナにかかります。すなわち、これはわれわれの見て来たことで、軽率のためであり、怠惰のためですが、往々にして人は、自分の存在を参加させなかったところに、それを見出そうとし、自分の打ち建てなかった客体を自分のものだと言明しようとします。人は、こんな無縁の物のために他人の同意を求めようとし、それで得《とく》をするのは自分だと思い込もうと努めます。人がばかばかしい自惚《うぬぼ》れで非難されるのもこんな場合で、つまり、自分の先祖だの、財産だの、美貌《びぼう》だのを鼻にかける時なんです。これよりいちだんと子供っぽいやり方になると、かけすが孔雀《くじやく》の羽根をつけます。ロクサーヌの窓下で、美男のクリスチャンがシラノの声を借用します。しかし、ロクサーヌが愛しているのはシラノなのです。もしもわれわれが自分たちのことを本気で心配するなら、われわれは、《悪い理由》で、つまり、われわれのでない幸福を介して、愛してもらうことも、讃《ほ》めてもらうことも拒絶するでしょう。かようにして、或る女たちは、化粧ぬきで愛されることを欲し、或る男たちは、匿名《とくめい》で愛されることを欲します。見え坊ときては、他人が存在を握っているのだと思い込み、そして、人はこの貴重な富を、虚に乗じて騙《だま》しとることができると思うらしいのです。ところが、他人というのは、わたくしが自分を存在せしめるべくなすことに、一つの必要なダイメンションを着せることができるだけです。だから、まず第一に、なさなければなりません。この意味において、世間でよく言うように、自分を探す者は自分を失うであろうし、そして、自分を失うことによって、自分を見出すというのは、道理に合っています。わたくしに何らかの形状が与えられる前、もしもわたくしが他人の目の中に自分を探すとすれば、わたくしは何ものでもありません。わたくしが、一つの形態、一つの存在を取るのは、わたくしが愛することによって、なすことによって、まず自分を世界の中に投入する場合に限られています。

そして、わたくしの存在が他人との交流に入るのは、それが自らをかかわらせる対象物によるのみであります。完全には決して維持されるものでないということを諦《あきら》めなければなりません。一生涯にわたるような計画があるものです。そうかと思うと、他の計画は一瞬時で終ります。しかし、どんな計画とて、わたくしの存在の総体を表現しません。なぜなら、そんな総体は存在していないからです。われわれが或る幻覚に騙されることは往々にしてあります。もしもわたくしが人から讃められるようなちょいとした詩でも作ろうものなら、わたくしは自分の食い方、眠り方に至るまで自分を必要なものだと心から思い込みます。それは、わたくしの自我が散らばっていると同時に一つだからです。この自我は、徹頭徹尾、未開人のマナーに似ています。そして、未開人というのは、もし自分の髪の毛ただ一本を押えられても、自分のマナー全部を押えられていると思い込むように、それと同じく、われわれの行為の一つに与えられた賞讃は、われわれの全存在を証拠だてているのだと、われわれは信じてしまいます。この理由によって、われわれは自分たちが名前をつけられることを望むのです。名前というのは、相手の中に魔術的に集合された、わたくしの総存在なのです。しかし、実際は、われわれの行為はバラバラに切り離されているのです。われわれが他人のために存在するといっても、それは、われわれが自分たちの行為において現存している範囲においてのみで、だから、われわれの分裂の中においてです。

わたくしが交流するという事実を知ることがまず必要だとしても、わたくしが何と交流することができるか、交流することを欲するかを知ることも、わたくしにとって、より重要でなくはありません。どんな同意だろうと、それを求めようとすることは、それだけで、自惚れの弱点の一つです。それは、ド・モンテルラン氏が、自分は軽蔑《けいべつ》していると称している批評家の讃辞を求め、自分は愚劣だと考えている大衆の賞讃を望んでいるようなものです。実のところ、わたくしが打ち建てた客体を必要なものたらしめる力を、他人が所有するためには、今度はわたくしが他人を超越しうる必要はないのであります。他人が、限定されたものとして、有限なものとして、わたくしに現われるや否や、わたくしのために地上に創《つく》る場所は、他人自身のように偶然的で、空虚なのです。《彼はわたくしを必要としている。しかし、どんな必要が彼にあるのだろう？　この証明できない存在が、どうしてわたくしを正当に証明することができよう？》浮気女は、自分に焦《こ》がれる男をいやいやそうに眺めます。つまり、もしも彼女の美貌が彼女の鏡の中で無効なら、この男の眼の中でもやはりそうではないでしょうか？　もしも多くの女たちが、自分たちの門番の女の意見に従って、自分たちの恋人を棄《す》てるとすれば、それは、その恋人が一人の男でしかないからです。つまり、門番の女、それは公衆の声なのです。存在していて、そのくせ、無限に拡《ひろ》がる、あの神秘的な人なのです。この作家は、もし誰かに、《人はあなたの物を讃めています》と言われると、得意然と顔をもちあげます。しかし、自分の愛読者の名前を知ると、がっかりします。普通、われわれの近親者の誹謗《ひぼう》、あるいは、評価は、われわれを打ちません。つまり、われわれはその理由をあまりにもよく知っているからです。それは、われわれの予知し、超越することのできる事実なのです。この両親たちは、自分たちの息子が、自分たちにいだかなくなった畏《い》敬《けい》の念を、今度は一人の友だちに向けるのを見て怒ります。つまり、その友だちは、子供が超越しない一人の異邦人だのに、両親のほうは、子供の前で物体となって凝結したのです。このようにしてなのです、劣等意識になやまされている人間が、どんな同意にも安心する気になれないのは。つまり、彼を是認するのは、特殊な個人でしかないのです。彼はその個人を超越して、自分を卑屈に思わずにはいられないような、無数で神秘的な未知の人に向うわけです。これとは逆に、或《あ》る人がいつも自分を認められない天才だと思っているとします。つまり、彼を見放すような人々は、もう終った個人でしかなく、彼はそのような人々の批判をしりぞけて、見識のある、公平で自由な後代に訴えようとするわけです。

なぜなら、わたくしの目の前で、わたくしに必要なもの、それは一つの自由性だからです。自由性は、わたくしの超越することのできない唯一《ゆいいつ》の現実です。たえず自分で自分を追い越しているものを、なんで追い越せましょう？ もしも一つの存在が純然たる自由性としてわたくしに現われるならば、もしも彼（存在）が自分をそっくり打ち建てることができるならば、彼は、わたくしの打ち建てたものをも、それを自分のために利用することによって、やはり正当たらしめることができます。もしこのような存在があるとすれば、それは神でありましょう。愛情、恐怖、嘆賞、尊敬などの魔術は、一人の人間を、神に変えることができます。つつましい崇拝者は物体以外の何ものでもありません。そして、彼の偶像は誰の前でも物体などではありません。この至高の純然たる自由性を、人は誰に向って超越することができましょうや？ 向う側にはなんにもないのです。

ところが、ほかの自由性が、突如として、わたくしの眼前に現われるならば、幻惑は消え去ります。わたくしは十三の歳《とし》に経験したスキャンダルを思い出します。わたくしの心服していた一人のお友だちが、わたくしの父の意見に猛然と食いかかったのです。彼女は父を批判し、父は父で彼女を批判するのでした。だから、わたくしは、わたくしの父のことではわたくしのお友だちに訴え、わたくしのお友だちのことではわたくしの父に訴えることができました。この往《い》ったり来たりの中で、絶対というものが姿をひそめてしまいました。もはや、わたくしは誰にも安心してよりかかることができませんでした。わたくしの混乱状態は長いこと続きました。いったい、わたくしは誰の気に入るようにしたらいいものやら？

わたくしが用事のあるのは、一つの自由性ではなくて、いくつかの自由性なのです。そして、明らかに彼女たち（いくつかの自由性）は自由なのですから、彼女たちはめいめい一致するということはありません。カント流のモラルは、人類全体の一致を求めるようにわたくしに厳命します。しかし、人間の和睦《わぼく》が実現されるようなどんな天空もないことをわれわれは見てきました。もしも或る作品が、もはや、論議されなくなったとすれば、それは、それらの作品が感動させなくなったからです。博物館ものに、遺物になったからです。しかしながら、それらの作品が歴史の中に登録されているからといって、ただそれだけで、それらの作品が正当化されたと信じてはいけません。なるほど、ソポクレースなくば、マレルブなくば、文学は今あるようなものではなかったでしょう。しかしこのことは、彼らの作品に、なんらの必要性も授けはしません。なぜなら、文学は今あるようである必要はないからです。今あるということがすべてです。ここにおいて、賞讃も誹謗も許さない普遍の見解を人はふたたび見出《みいだ》すに至ります。なぜなら、この見解においては、どんな穴ぼこも仮定することさえできないのですから。そもそも、成功というのは、一つの限定された計画によってしか現われないものですが、その計画たるや、自分の前には一つの目的を置き、穴ぼこになった自分の後ろには、既往に溯《さかのぼ》る請求を描くところのものなのです。あれもこれも愛すると主張するジレッタントは、何ひとつ愛していません。ランボーの、あるいは、セザンヌの存在をよろこぶためには、どんな他のポエジーよりも、或るポエジーを、どんな他の描き方よりも、或る描き方を選ぶ必要があります。特に一つのものを目ざす選択が、もしも未来からその対象物の方へ逆流するならば、今まではただ単に存在していたものを、今度は存在すべきものとして、その対象物を捕えることができます。われわれが世界の中に投げる現実でさえ、それが救われるであろうのは、他人が一つの未来を打ち建てる場合、つまり、彼（他人）を追い越しながら彼をつつんでしまう未来を打ち建てる場合のみであり、新しい客体が、未来のために過去において彼を選ぶ場合のみであります。だから、われわれは、単に口頭の同意だけでは満足できますまい。ただ自惚屋ばかりがそれで甘んじます。なぜなら、自惚屋は存在のうつろな外見しか求めないからです。しかし、もっと気むずかし屋なら知っているはずです、言葉というものは、彼の打ち建てた客体を必要かくべからざるものたらしめるには充分でないということを。すなわち、彼は自分のために現実の場所が留保されることを要求します。人がわたくしの物語を傾聴するだけでは充分でありません。聴者がわたくしの言葉を貪欲《どんよく》そうに待つ必要があります。女は、熱のない讃め方にはすぐあきてしまいます。彼女は愛されたいのです。なぜなら、愛のみが、彼女から本質的な要求を創り出すでしょうから。作家が望むのは、単に自分が読まれることばかりではありません。作家は影響を与えることを望みます。模倣されることを、研究されることを望みます。発明家は、自分の発明した道具を人が使うことを要求します。しかし、人間の計画は、バラバラに切り離されていて、たがいに戦い合ってさえいるのです。わたくしの存在は、永久に、区分されているように運命づけられているのではないかという気がします。あの忠実な同盟者は、裏切り者でもあるのです。あの立派な賢者は、風俗壊乱者でもあるのです。諺《ことわざ》にもあるとおり、どんな人物も、その下男には偉人に見えるものではありません。つまり、わたくしは下男といっしょに偉人を嘲笑《ちょうしょう》することができます。しかし、偉人とその友人たちはわたくしを嘲笑するでしょう。もしもわたくしが下男を嘲笑するならば、下男は、偉人と同時にわたくしを嘲笑するでしょう。それにしても、もしもわたくしが万人を嘲笑するならば、わたくしは世界でただ一人になり、そして、万人はわたくしを嘲笑することでしょう。

最も便利な解決は、わたくしの邪魔になるような批判を受け容《い》れないことだろうと思います、そういう批判をいだいている人たちを単なる物体と見ることによって。彼らの自由性を否認することによって。《あれは野蛮人どもである。奴隷《どれい》どもである》と、廃頽《はいたい》期のローマ人たちは自分らを呪《のろ》っている者たちが、自分らのために、働き苦しんでいるのを見ながら、考えていました。《あれは黒ん坊だ》と、ヴァージニア州の開墾者は考えていました。そして、あの寄生的社会は、きびしいタブーによって、主人たちを擁護しようとし、主人たちに搾取《さくしゅ》される従属者たちの心を無視します。これらの従属者たちは、人間として認められる必要はないのです。或る白人の女たちは、人間インドシナのボーイの前で、平気で脱衣したそうです。これらの黄色人たちは、人間ではなかったのです。

そうだとすると、寄生者は、自分の使用する者たちの人間としての資格を認めないことになります。彼は、無縁の自然のただ中で、無気力な事物にまじって、生きているのです。事物の巨大な重圧に押しつぶされ、神秘的な宿命に従わされて、生きているのです。道具の中に、機械の中に、家屋の中に、自分の食うパンの中に、彼はいかなる自由性のしるしも認めません。ただ材料があるだけです。そして、彼がこの材料に頼る程度によって、彼もまた材料でしかなく、受動性でしかありません。彼は、事物に及ぼす人間の勢力を除去することにより、事物の間にあって自分を事物にしてしまいます。そして、彼はこの変貌から何ものも得ないのです。より安全を期するため、使用人たちに魔法の水薬を飲ませて、彼らを動物に変えることを仮定したとしても、やはり、人間の間にどんな和解も実現することはないでしょう。つまり、この新しい動物類に対して、主人たちは区分された一つの人類をまたしても構成することでしょう。寄生者は、自分の同類の方に振り向くことによってしか、ふたたび人間になりません。そして、こうして彼は、彼ら同類の自由性の前で、危険にさらされている自分をふたたび見出すわけです。

だいいち、人間は自分勝手に他の人たちを物品扱いにするというわけにはいきません。タブー、偏見、己れの盲目的意志にもかかわらず、主人は、自分が奴隷に向って話しかけることの必要を知っています。つまり、人は人間に向ってしか話しかけないものです。言葉は、相手の自由性への呼び声です。なぜなら、合図は、それを捕えようとする意識によってのみ、合図だからです。彼は自分の上に奴隷の視線を感じます。つまり、彼は眺められるや否《いな》や、客体になったわけです（原注 サルトルの『存在と無』三三〇ページ参照）。残酷な暴君か臆病《おくびょう》な暴君に、果断な暴君か愚図な暴君になるわけです。《これが奴隷的な考え方というものだ》と考えながら、たとえ彼がこの超越性を超越しようと試みても、奴隷もまたこの考え方を超越することを彼は知っています。そして、ここに展開される争闘において、奴隷の自由性は、主人がそれに対峙《たいじ》させようとする防禦《ぼうぎょ》それ自身によって、承認されることになります。すべての人は自由であります。そして、われわれが彼らに用事のあるや否や、われわれは彼らの自由性を感ずるのです。もしもわたくしがこのような危険な自由性を知らずにいようとするならば、われわれは彼ら人間から顔をそむけなければなりません。しかし、そうなると、われわれの存在は収縮して、駄目になってしまいます。われわれの存在が実現されるのは、世界の中で危険な状態にあるのを選ぶことによってのみです。われわれの存在を占領しようとする、区分された、無縁の自由性の前で、危険にさらされるのを選ぶことによってのみです。

しかしながら、われわれはこの自由性に対して一つの手段を持っています。と言っても、ばかばかしい盲滅法《めくらめっぽう》なことなどではなく、それは戦いなのです。なぜなら、この戦いという行為によって自由性はわれわれを超越するわけですが、今度は、われわれがその行為を超越することができるからです。サン＝テグジュペリの『戦う操縦士』の中で、《誰が私の証人になるのだろう?》と、敗戦の間際《まぎわ》に、危険な任務をおびて飛びたつ飛行家が自らに訊《たず》ねます。彼はあらゆる証拠を拒否します。つまり、彼こそが、卑劣行為の、他人を置き去る行為の証人なのです。わたくしは何人からも認められようと思いません。なぜなら、われわれの自由性が参加する計画の成就《じょうじゅ》を、われわれは他人との交流の中に求めるからです。だから、他人が、未来に向って、わたくしが自分のものだと認める未来に向って、わたくしを投げる必要があります。これはわたくしにとって手痛い失敗になるかもしれません。もしもわたくしの行動が、わたくしの反対者たちに有効なものになりつつ永続するとすればです。他人がわたくしに必要物を授けてくれるような計画は、やはり、わたくしの計画でなければなりません。わたくしがよろこんで引き受けるような誹謗や憎悪《ぞうお》があるものです。つまり、保守家の計画を反駁《はんばく》する革命家は、自分が相手の目に一つの敵対勢力として映ることを欲します。ガートルード・スタインがその追想記の中で語っているところによれば、フェルナンド・ピカソが一つの帽子に満足するのは、石工たちや土工たちが、その帽子を見て、憤慨の声をもらすのを聞く場合のみだったそうです。それというのも、彼女にとって、お洒落《しやれ》は、平凡な常識に対する挑戦として定義されていたからです。もしもわれわれが一つの計画に対して戦うとすれば、われわれはその計画の前に一つの障害物として現われることを選びます。われわれには純粋にかかわりのない計画もあります。そういう計画が表明している批判を、われわれは無関心をもって見ます。つまり、もし一編の詩を鑑賞する段になれば、銀行家では適任でありません。そして銀行家は、詩人の忠言などせせら笑いすることでしょう。わたくしの軽蔑《けいべつ》が、特殊の才能でなしに、一人の人間全部を包むということもありえます。われわれが拒むのは、われわれが戦うのは、彼の存在の総体的の計画です。こうなると、軽蔑は侮蔑になります。わたくしは自分の侮蔑する人々のどんな意見にも無関心でいます。《わたしはあなたの意見なんか求めませんよ》と、人は侮蔑をもって言います。そして時には、《わたしはあなたなんかと話しません》とさえ言います。なぜなら、どんな言葉も、どんな表現も、呼び声だからです。つまり、真の侮蔑は沈黙なのです。沈黙は、反駁癖だの、悪口癖だのまで剝《は》ぎとってしまいます。悪口の中でわれわれが求めるのは、われわれの計画と他人の計画は切り離されているということを、他人が証明することです。われわれは、他人にとって、滑稽《こつけい》な、あるいは、いやらしい対象になろうとします。つまり、このようにして、もはや、われわれの間には共犯関係がなくなるでしょう。しかし、これは、他人にイニシアチーヴを残すことであり、われわれを品物にするのを軽蔑しながら承諾することです。われわれが他人から切り離されることを、他人を超越することを、そして、他人はわれわれの前で物でしかないことを、平然と肯定するのはわれわれのすることなのです。

侮蔑を一つの武器として用いることのできるのは便利なことにちがいありません。現にこれは人がよくやることです。側近者から、ちやほやされている子供や若者は、他人の批判には近よらないようにします。つまり、彼らは自分の圏内に閉じこもります。そして、どんな冒険にも遭わないように、前もって、世の残余の意見を骨ぬきにします。彼は安心しきった歩調で人生の中に入って行きます。つまり、彼を罰する者は自らを罰することになります。ところが、あにはからんや、こうして彼は自分の自由性を否認することになるのです。自由であること、それは、計算もなく、賭金《かけきん》もなく、世界の中に身を投げることです。どんな賭金も、どんな尺度も自分で限定することです。ところが、あの慎重居士《こじ》ときたら、自分の値打ちを釣り上げてくれる人たちの値打ちを釣り上げる計画以外の計画は、これを打ち建てないように用心していなければなりません。つまり、この小心の自惚《うぬぼ》れは、真の自尊とはおよそ反対であります。

かようにして、自分の周囲で、まずいきなり、失敗と軽蔑にしか出会わないような人は、否認によって自己防衛することになります。つまり、彼は運動家になろうと思っていました。彼はそれに失敗します。彼は、スポーツマンも、スポーツも軽蔑しはじめます。もはや、彼は、銀行家しか、あるいは、軍人しか尊敬しなくなります。ところが、こうして自分の計画を放棄することによって、彼は自分を裏切るのです。かてて加えて、人は彼のうちに、軽蔑の念を、あるいは、尊敬の念を、随意に起させるというわけにはいきません。わたくしが自分の打ち建てる客体を限定することによって、わたくし自身を限定するのは、実に同じ一つの計画によるのです。そして、わたくしは、自分の呼びかける公衆も限定するのです。書物を愛すること、作家にあこがれること、物を書きたいこと、それは少女時代のわたくしにとって、唯一《ゆいいつ》の、いつも同じ計画でした。総体的な選択が定められると、われわれは、無分別と悪意による以外、その選択を部分的に否定することはできません。そして、悪意は、疑惑と不快を生ぜしめます。自惚れの強い人たちが、たいてい、あのように内心は不快なのもこの理由によります。馬鹿《ばか》は、自分を尊敬するような一段上手の馬鹿をいつも見出すものです。しかし、彼としては、この馬鹿は馬鹿であるということを、自分勝手に認めないというわけにはいきませんし、また、愚は徳であると、自分の都合いいように考えるわけにもいきません。自由性は命令して、服従しません。人が自由性を否認しようとしても、強制しようとしても無駄です。もしもわたくしの計画が本心からスポーツであるならば、脂肪過多の堂々たる紳士などになるよりは、まだしも、下手くそな運動家であるほうがいいはずです。人が憎い相手に打ち勝つことのできるのは、心の中においてさえ、決して生やさしいことでないのはこのためです。つまり、もしもわたくしが、勇敢で、器用で、利巧であることを自分に願うならば、他人のうちにある勇気、巧妙、あるいは、利巧を侮《あなど》るわけにはいきません。

自分を愛する人々のみを愛し、また、自分を軽蔑する人々をばなんの見さかいもなくすべて軽蔑する人たちの態度は、一つの弱さだと見られても仕方ありますまい。つまり、彼らの愛情、彼らの軽蔑は、空っぽの外見にすぎないと思われるかもしれないからです。わたくしが、自分の存在に必要な土台を期待している人たちを、その人たちの存在の中に確認しうるのは、ただ、わたくしの存在に向うわたくしの自由な運動によるばかりです。人々が世界の中に一つの場をわたくしに与えうるためには、人々がその場を持つような一つの世界を、わたくしが自分の周囲に出現させることがまず必要であります。つまり、愛し、欲し、為《な》すことが必要であります。わたくしの行動それ自身こそ、わたくしがそれを提供する公衆を限定するはずです。すなわち、建築家は家を建てることを愛します。彼は幾世紀も突っ立っているような建物を建てます。役者、舞踏家は、自分らの同時代人のみに訴えます。もしもわたくしが飛行機のモーターを改良するならば、わたくしの発明は数百万の人々の関心をそそります。家常茶飯事だの、ささいな言葉を承諾させる段になると、わたくしが話しかけるのは近親者にすぎません。わたくしは自分のために存在する人たちにしか、具体的に訴えることができません。そして、彼らがわたくしのために存在するのは、わたくしが彼らといっしょに絆《きずな》を創《つく》り出した場合のみであり、わたくしが彼らをわたくしの隣人にした場合のみであります。わたくしの計画が彼らの計画に合致し、あるいは、抵触するに応じて、彼らは同盟者として、あるいは、敵として存在します。それにしても、この矛盾をわたくしが引き受けないという法があるでしょうか？　なぜなら、今あるような自分に自分をすることによって、その矛盾を存在せしめるのは、このわたしなのですから。

行動

だから、他人に対するわたくしの位置は、こういうことになります。つまり、人間は自由であります。そして、わたくしは、これらの無縁の自由性の間で、世界の中に投げこまれます。なぜかとなれば、わたくしがひとたび自分自身の目的を追い越してしまえば、わたくしの行為は、それ自らの上に、ぐんなりと、なんの甲斐《かい》もなくふたたび落っこちてしまうことでしょうから。もしもわたくしの行為が、新しい計画によって、新しい未来の方へ運び去られなかったとすればです。世界の大洪水の後、ただ一人、地上に生き残るであろう人間は、エゼキエルと同様、人類の再興を試みるに相違ありません。それとも、その一人が死にさえすれば世話はないのかもしれませんね。わたくしの超越性の運動は、わたくしがそれを超越するや否《いな》や、いかにも空《むな》しいものに見えてきます。それにしても、現在わたくしが形づくる計画よりも、わたくしの超越性が、他の人たちを通りぬけて、いつまでも遠くまで伸びるとすれば、とうてい、わたくしは自分の超越性を追い越すことなどできますまい。

わたくしの超越性が絶対的に超越されえないためには、人類全体が、わたくしのものにほかならない目的に向って、わたくしの計画を延長しなければなりません。だとすれば、いったい、誰がわたくしの超越性を超越することになるのでしょうか？　それは人類を除いて他に誰もありますまい。そして、人類は完全にわたくしの共犯者になるわけです。つまり、誰一人として、わたくしを批判しないことになるわけです。それにしても、こんな希望は棄《す》てなければなりません。人間はバラバラに切り離されて対立しているからです。わたくしは戦いを決心しなければなりません。

それにしても、誰のために、わたくしは戦うのでしょうか？　わたくしの目的は、存在に到達することです。もう一度くり返して言うならば、この場合、エゴイズムは問題じゃありません。利己の観念というのは、出来合いの自我の観念の上に成り立っているわけで、わたくしたる主体は、その自我に向い、それを最終の目的と取りちがえて、己れを超越することになるのです。与件としてどこにも存在しない自我とは異なった目的に向い、わたくしが計画によって身を投げるというのではないのです。存在しようと求めることは、存在を求めることです。なぜなら、存在というのは、それを発《あば》いて見せる一つの主観性の現存によってしか、無いものだからです。そして、わたくしが存在に向って飛びかかるのは、必然的に、わたくしの主観性の中心からなのです。だから、わたくしは存在するために戦います。この玩具《おもちゃ》を、この宝石を、所有するために戦います。この旅行をするために、この果物を食べるために、この家を建てるために、戦います。しかし、それだけが能ではありません。わたくしは着かざりもし、旅行もし、人なかに家も建てます。象牙《ぞうげ》の塔の中に閉じこもってもいられませんからね。一編の詩、あるいは、一幅の画は、それだけで足りる非人間的な物であると想像しようとするのは、芸術のための芸術というような理論の誤りであります。つまり、芸術とは、人間の手によって、人間のために作られた物です。なるほど、非人間的な物は、人を慰めるためにも、人を教化するためにも作られていません。それは、それ以前に存在していて、それが満たすべきだった要求にも応じません。それは過去の追越しであり、無償で自由な創作なのです。しかし、その新奇さにおいて、それは理解され、正当とされることを要求します。或《あ》る人たちが、それを愛し、欲し、延長する必要があります。芸術家たるものは、自分をとりまく人たちの位置に無頓着《むとんじやく》たりえないはずです。他人のうちに、彼自身の肉体は縛りつけられているのです。だから、わたくしは、自由な人たちが、わたくしの行為に、わたくしの作品に、それぞれ必要な場を与えるために戦うでしょう。

それにしても、この場合、その人たちがわたくしに同意を与えるのは自由意志である以上、どうして戦いになど訴えられましょう？ 愛情を、自発的な賞讃を、暴力で得ようとするのは、もちろん、ばかげたことです。人々は、力ずくで誘惑しようとするネロを笑います。わたくしは、他人が、わたくしの行為を価値あるものとして認めることを欲します。他人が、自分のために、わたくしの行為を未来において利用することによって、それから自分の幸福を創《つく》り出すことを欲します。それにしても、もしわたくしが初めから他人の計画に反対なら、わたくしはこのような認め方を当てにするわけにはいきません。つまり、他人は、わたくしの中に障害物しか見ないことでしょう。わたくしが自分の存在を正当たらしめるに足る一人の友だちを必要としているという理由で、他人は死ぬことを欲しているのに、もしもわたくしが生きることを強要するならば、わたくしは勘定ちがいをすることになります。彼はわたくしを呪《のろ》いつつ生きているでしょう。彼の自由性に対する尊重は、抽象的な尺度ではありません。すなわち、それは、わたくしの努力の成功の基本条件なのです。わたくしは他人の自由性に呼びかけることばかりができて、それを縛ることはできません。わたくしは最も切実な呼び声を発明することができ、他人の自由性を魅惑しようとすることもできます。しかし、わたくしがどうしようと、他人の自由性は、わたくしの呼び声に答えようが、答えまいが、依然として自由でいるでしょう。ただし、他人とのこの関係が設立されるためには、二つの条件が満たされる必要があります。まず第一に、呼びかけることがわたくしに許される必要があります。だから、わたくしは、わたくしの声を吹き消し、わたくしを表現しようとするのを妨害し、わたくしが存在するのを邪魔しようとする者たちを相手に戦うでしょう。自由な人たちの前にわたくしを存在させるためには、しばしば、わたくしは或る人たちをば物品として取り扱わざるをえないでしょう。囚人は、自分の仲間たちと合流するために、牢番《ろうばん》を殺すでしょう。その牢番も仲間でなかったのは気の毒なことですが、しかし、今後、もうその囚人には一人の仲間もないであろうことはいっそう気の毒なことかもしれません。

第二には、わたくしにとって自由である人たち、わたくしの呼び声に答えうる人たちを、わたくしは自分の真ん前に持っている必要があります。

どんな位置においても、他人の自由性は相対的なものです。なぜなら、その位置は追い越されるためにしか存在していないし、そして、自由性というのは、どんな追越しに際しても変化しないからです。読み書きを学ぼうとする文盲者は、新しい仮説を発見する学者のように自由であります。存在に向って己れを超越しようとするこの自由な努力を、われわれは、どんな存在においても同等に尊重します。人の軽蔑《けいべつ》するのは、自由性の放棄です。人は、人間の位置の間に、どんな道徳的階級も定めることなどできますまい。ただ、わたくしに関するかぎり、わたくしが追い越すことができ、そして、わたくしのために物体となって凝結する或る種の超越性があります。そうかと思うと、わたくしがやっと従《つ》いて行けるような、あるいは、わたくしを追い越して行くような超越性もあります。『ダーバーヴィル家のテス』のテスは、クレアを愛しています。クレアを愛している農家の三人の娘たちも、やはりテスの恋情を超越しません。つまり、テスといっしょに、彼女たちはクレアに向って自分たちを超越するのです。しかしながら、もしわれわれがクレアの欠点を発見するならば、もしわれわれが彼を好きでないならば、テスの自由性を認めながらも、われわれは、テスの恋情の中に、われわれには無縁の物体しか見ません。他人の自由性は、それが未知の目的の方に、あるいは、すでに追い越された目的の方に向って行く以上、わたくしから切り離されたものとしてのみ存在します。自分の文盲状態を追い越すべく自分の自由性を用いる文盲者は、複雑な理論を発見したばかりの物理学者のためには何もなしえません。病気と闘うことでへとへとになっている病人、隷属《れいぞく》に反抗することでへとへとになっている奴隷は、詩のことも、天文学のことも、航空術の発達のことも念頭にありません。何より、彼らにとっては、健康、閑暇、安全、彼ら自身の自由な処理が必要なのです。他人の自由性が、わたくしにとって何ものかでありうるのは、わたくし自身の目的が、今度は、他人の自由性のために出発点の用をなしうる場合にかぎられています。他人がわたくしの作った道具の存在を延長するのは、その道具を利用することにおいてです。学者は、自分と同じ水準に達した人たちにしか話すことができません。そこで、彼は彼らに、新しい仕事の基礎として、自分の理論を課すわけです。他人が、わたくしの超越性に従いて行きうるのは、彼がわたくしと同じ路上の地点にある場合のみです。

われわれの呼び声が虚空の中で消えてしまわないためには、わたくしを聞こうと身がまえている人たちが、わたくしのそばに必要であります。その人たちはわたくしの同輩でなければなりません。わたくしとしては、後ろに戻ることなどできますまい。なぜなら、わたくしの超越性の運動は、たえずわたくしを前へ前へと運んで行くのですから。そして、わたくしは未来の方へ一人で歩いて行くことなどできません。そんなことしたら、わたくしは、沙漠《さばく》の中で、ふみ迷うでしょうし、わたくしの足跡もことごとく意味ないものになるでしょう。だから、わたくしは、人たちがわたくしの超越性に従いて行くことができたり、追い越すことができたりするような位置を彼らのために創り出す努力をしなければなりません。彼らの自由性が、わたくしを使用するために、そして、わたくしを追い越すことによってわたくしを保存するために待ちかまえていることがわたくしには必要です。わたくしはその人たちのために、健康、知識、安楽、閑暇を求めます。とりもなおさず、彼らの自由性が、病気、無知、貧困と戦っても、消耗しないためです。

かようにして、人間は、収斂《しゅうれん》する二つの方向の中に自分を引き入れなければなりません。すなわち、彼はいくつかの客体を打ち建て、そこに、自分の超越性の凝結した影像を見出《みいだ》します。彼は、己れの自由性それ自らである前進運動によって、自分を超越します。そして、一歩、一歩、人間たちを自分の方へ引き寄せようと努力します。彼は探検隊のリーダーのようなもので、自分が前進するために新しい道路を標《しる》し、落伍者《らくごしゃ》たちをかき集めるためにたえず後方に戻り、また、自分の従者をより遠くまで誘導するために前方へ走って行ったりします。ただし、人間が全部が全部ついて行くことを承諾するわけではありません。或る人たちはその場に倒れ、あるいは、発散する道々の中に自分を引き入れます。或る人たちのごとき、彼の前進を、そして、彼の後続隊の前進を、阻止しようとさえします。ここにおいて、説得は挫折《ざせつ》します。かくして、自分を護《まも》るために、暴力しか残らないことになります。

人が、一人の人間の意志に副《そ》っても、背いても、何ごともなしえない以上、或る意味において、暴力は悪ではありません。つまり、一人の人間を産むことは、その子供を打ち建てることではありません。一人の人間を殺すことは、その人間を破壊してしまうことではありません。われわれは他人の後天的なものにしか決して届かないのです。しかし、たしかに、この後天的なものに働きかけるのを選ぶことによって、われわれは、他人を一つの自由性とみなすことを放棄してしまうのです。そして、それだけ、われわれは自分たちの存在の膨張の可能性を制限することになります。わたくしが暴力を加える人間は、わたくしの同輩ではありません。そして、彼ら人間がわたくしの同輩であることがわたくしには必要なのです。暴力に出たことが、暴行された人の自由性に訴える可能の度が少なく思われれば思われるほど、それだけ少なくしか後悔の念もそそられません。つまり、相手が子供や病人の場合だと、人はわりあい平気で力を行使するものです。しかし、もしわたくしがすべての人間に暴力を加えたとすれば、わたくしは世界で一人きりになり、そして、自滅することでしょう。もしもわたくしが、人間の一グループを、羊の群れ、家畜の群れに変えるとすれば、それだけ、わたくしは、人間界を減ずることになります。そして、たとえわたくしがただ一人の人間しか圧迫しないとしても、全人類は、彼のうちに、醇乎《じゅんこ》たるものとして見えてきます。もしも一人の人間が、平気で人の踏み潰《つぶ》すことのできる蟻《あり》であるとすれば、すべての人間は全部ひっくるめて、一つの蟻塚にすぎません。ですから、軽々しく暴力に頼ったりなんかできません。取りかえしのつかない失敗の黒星をつけられますからね。もしもカントの、ヘーゲルの、普遍的なモラルが楽天主義に終っているとすれば、それは、彼らのモラルが個人性を否定することによって、失敗をも否定しているからです。ところが、個人は存在し、失敗も存在しているのです。もしも一人の慎重居士《こじ》が、或る政治上の決断を下す前にひどく長いこと躊躇《ちゅうちょ》しているとしても、それは政治上の問題がむずかしいからではありません。もともと、政治上の問題なんて解決できないものなのです。そのくせ、差しひかえるわけにもいきません。いつだって人間は行動するものですから。われわれは暴力を働くように運命づけられていることによって、失敗を重ねるように運命づけられているのであります。われわれは暴力を働くように運命づけられているのです。なぜなら、単数の人間は、区分されて、自分自身に対立していますから。なぜなら、複数の人間たちは、バラバラに切り離されて、相互間に対立していますから。すなわち、暴力によって、人は、子供から一人の大人をつくるでしょうし、遊牧民から、一つの社会をつくるでしょう。争闘を放棄することは、超越性を放棄することになり、存在を放棄することになります。しかし、そのくせ、どんな成功とて、それぞれ異なった失敗の絶対的なスキャンダルを消すことは決してないでしょう。

成功とは、悠々と一つの目的を達することにある、と信じてもまたいけないだろうと思います。われわれの目的は、新しい出発点でしか絶対ありません。われわれがこの目的まで他人を導いて来て、その時はじめて、すべてが開始するのです。この時から、彼はどこへ行くでしょうか？　いつだって彼はどこかへ行くであろうと思うと、思っただけで、わたくしはおもしろくありません。もとより、わたくしがなくとも、彼はどこかへ行ったことでしょう。彼が延長しているのは、わたくしの計画であってもらいたいのです。自分の計画が壊されることなくどこまで拡《ひろ》がるかを決定するのは各人です。つまり、カントはヘーゲルの中に自分を再発見したことでしょうか？　ヘーゲル流のシステムを自分の否定として見たことでしょうか？　それに答えるには、彼の哲学の本質的な真理が、彼の見る目にどうであったかを知らなければなりますまい。ところが、どっちみち、彼の計画は無限に拡がるということはありませんでした。もしもカントがただ哲学のみを欲したとすれば、書く必要はなかったはずです。なんにしたって、哲学は存在していたのです。つまり、彼は、彼のものにほかならない一つの哲学的発展によって創造された一つの哲学を欲していたわけです。われわれは自分たちの特殊性において必要物でありたいと思います。そして、われわれは特殊な計画によってしか必要物でありえません。われわれは他人の自由性におんぶしているのです。すなわち、他人は、われわれを忘れることも、われわれを無視することもできます。われわれのでない目的のためにわれわれを利用することもできます。どんな裁決とて決して終結するに至らないとは、カフカによって書かれたあの《審判》の意味の一つです。われわれは際限のない延期の状態の中に生きているのです。『アミナダブ』の中で言っているブランショ氏の言葉の意味もやはりそうです。つまり、肝要なのは負けないことです。ところが、決して勝ちっこありません。われわれの行為を引き受けなければならないのは、不安定と危険の中においてです。そして、まさしくここにこそ、自由性の本質はあるのです。彼女（自由性）は前もって承諾ずみのような救済を目あてに心を決めはしません。未来を相手のどんな条約にも調印などしません。よし彼女が、彼女の狙《ねら》っている極限によって、限定されうるとしたら、もはや、それは自由性ではありますまい。しかし、一つの目的は決して一つの極限ではありません。目的は依然として無限に向って開かれています。つまり、目的が終るのは、自由性がそこに来て立ちどまり、立ちどまることによって、茫漠《ぼうばく》とした無限のただ中に、わたくしという特殊な存在を限定するからにほかなりません。わたくしに関するかぎり、ただ自分の目的に達することばかりで、爾余《じよ》はわたくしの知ったことではありません。他人がわたくし以後において打ち建てるであろうことは、彼に属しこそすれ、わたくしには属しません。わたくしはこの未来の危険を引き受けることによってしか行動しません。この危険はわたくしの終末の裏側なのです。そして、わたくしは、わたくしの終末を引き受けることによって自由なのです。

かようにして、人間は行動することができます。行動しなければならないのです。つまり、彼は自分を超越することによってのみ存在します。彼は、危険の中で、失敗の中で、行動します。当然、彼は危険を引き受けます。すなわち、不確実な未来に身を投げることによって、彼は自分の現存を確実に打ち建てるのです。ところが、失敗というのは、責任を負うことなどできないものです。

結論

《さて、その次は?》と、シネアスが言います。

わたくしは、自由性が、わたくしの行為を必要とするために、わたくしの方へ向いてくれるように頼みます。ところが、わたくしの正当を証明しようとするこの行為それ自身を、反省は追い越すことができないものでしょうか? 或《あ》る人たちは、わたくしの作品を讃《ほ》めます。今度は、その人たちの称讃が物体となって凝結します。彼らの称讃はわたくしの作品自身のように空虚なのです。結局、すべては空の空なるものだと言うよりほかにないのではないでしょうか?

反省がわたくしに発《あば》いて見せてくれるものは、どんな計画も新しい問題に席をゆずるということです。わたくしは自分の計画に対して、そして、わたくし自身に対して、自分の裡《うち》に、一つの消極的な力を持っています。それによって、わたくしが虚無の中に浮び上がるように思われる力なのです。この力は、いつわりの客観性の迷夢からわたくしを醒《さ》めさせてくれます。その力のおかげで、わたくしは学びます。世界には、わたくしの目的以外に目的はないということを。わたくしが自分で穿《うが》つ場所以外に場所はないということを。そして、ほかの人たちもやはり、わたくしが到達したいと思うような価値を持っていません。つまり、もしわたくしが他の人たちを超越すれば、その人たちはわたくしのために何ひとつなしえないのです。彼らによって認められるためには、まず、わたくしが彼らを認めなければなりません。わたくしの自由性は、円天井の、と言っても、どんな柱にも支えられていることのない円天井の石みたいに、たがいに支え合っているのです。人類は一つの空虚の中に丸ごと吊《つ》りさがっています。人類が、自分の充実性についての反省から自分で創《つく》りあげる空虚の中にです。

それにしても、この空虚は、一つの裏側でしかない以上、反省は、自発的な運動によるほか可能でない以上、どうして反省に優位を与えようとするのでしょう？　そして、虚無の静態性に比較して、人間の計画をどうして非とするのでしょうか？　反省は、わたくしの周囲に、虚無を浮び上がらせます。しかし、（だからとも言えますが）反省は、虚無のただ中へ出向きません。反省は、自分の名で語り、自分の見解で人間の条件を批判する権利を与えられていません。見解の存在するところは、虚無ではありません。そして、事実、わたくしは自分のより以外の見解をとることはできないのです。

唯一《ゆいいつ》の、そして同じ有限の計画が、わたくしを世界の中に、そして、あの人たちのほうに投げます。もしもわたくしが絶対的な愛情で一人の男を愛するとすれば、彼の同意だけでわたくしは充分です。もしもわたくしが一つの都市のために、一つの国家のために働くとすれば、わたくしは自分の市民たちに、自分の同国人たちに呼びかけます。もしもわたくしが、わたくしと未来の世紀の間に真の絆《きずな》を創るとすれば、わたくしの声は幾世紀を横ぎります。たしかに、どうしても、わたくしの超越性が坐礁《ざしよう》するような一点があるものですが、反省はそれを追い越すことができません。わたくしが存在しているのは今日であります。その今日は、わたくしの現在の計画によって限定された未来のほうに、わたくしを投げます。つまり、計画の立ちどまるところで、わたくしの未来も立ちどまるのです。そして、未来という、わたくしの存在していないあの時代の底から、もしわたくしがはるかに自分を望見しようとしたところで、そこには虚構しかありません。わたくしは虚《うつ》ろな言葉しか口にしません。永遠に対すれば、一瞬も一世紀に匹敵し、無限に対すれば、原子も星雲に匹敵します。しかし、わたくしは無限の中を飛ぶわけでも、永遠の中を駆けるわけでもありません。わたくしは、わたくしの現存が限定する一つの世界の中に位置づけられているのです。人は、一つの目的に向ってしか己れを超越しません。そして、たとえわたくしが自分の前に自分の目的を確実に置いたとしても、なんに向って、わたくしはその目的を追い越すことができるでしょうか？　自分が愛している間じゅう、なんに向って、一つの独占的な愛情を超越することができるでしょうか？　他の人たちがわたくしのために存在しはじめて、やっと、わたくしはその愛情を超越することができるでしょう。それにしても、わたくしの計画が、わたくしのために存在せしめる全体の人間を、わたくしは何ものに向っても超越することなどできますまい。

人は、他の一つの計画を実現することによってしか、一つの計画を追い越すことができません。一つの超越性を超越することは、一つの前進を果すことではありません。なぜなら、これらの異なった計画はバラバラに切り離されているからです。超越していく超越性は、今度は、自分が超越されることになります。どんな瞬間だって、永遠なものには追いつきはしません。恍惚《こうこつ》と苦悩は、ふたたびその場を時間の中にとりかわすように、人間はそれ自らが計画なのです。つまり、どんな想念も、どんな感情も計画です。かようにして、人間の生命は、一つの前進として、と言っても、一つの循環として、出現します。《なんの甲斐《かい》があろう？》と、彼は言います。そして、彼は自分の努力を続けます。つまり、どんな計画もわたくしには空《むな》しく見えたあの疑惑の瞬間、あるいは、あの恍惚の瞬間を、今のわたくしは、不機嫌の発作として、あるいは、子供っぽい熱狂として眺めるのです。これら二つの瞬間のうち、どちらが批判するのでしょう？ これらの瞬間が仲よくいっしょに存在するのは、第三の瞬間によってのみであり、今度は、その第三の瞬間を批判しなければならないことになるのです。瀕死者《ひんししゃ》の最後の意志に、人々があのような重大性を結びつけるのも、おそらく、この理由によりましょう。つまり、瀕死者の意志は、他の多くの意志の間にはさまった単なる意志ではなくて、彼がその全生涯を託した意志なのです。一人の親友の生命を、死に抵抗して守りつづけようとする者は、最後の瞬間の特権を存続させることによって、友の最後の瞬間を延長します。最後の瞬間が、他の瞬間の間で一つの瞬間になるのは、わたくしが死を外側から眺めるために死から離れる時のみです。その時こそ、死は真に死であり、わたくしは死のことごとくの意志をもやはり超越します。

われわれはどんな超越性を超越することも自由勝手です。われわれは何時《なんどき》でも、一つの《他所《よそ》》の方へ逃れることができます。ところが、この他所《よそ》たるや、まだどこかに在るのです。われわれの人間的条件のただ中における、どこかに。われわれは彼女(人間の条件)から、絶対、逃げられっこありません。そして、彼女を批判するために、外側から彼女を見つめようとするどんな方法もないのです。彼女のみが言葉を可能たらしめます。善と悪が限定されるのも、彼女といっしょです。効用、進歩、危惧《きぐ》などという言葉が意味を持つのは、計画が、見解と目的を出現させた世界の中でしかありません。これらの言葉は、この計画を仮定こそすれ、その計画に己れを当てはめるような真似《まね》はしますまい。人間は自分以外の人間のことなど微塵《みじん》も知りません。そして、人間的なもの以外の何ひとつ夢想だにできますまい。では、いったい、人間を何に比較しようとするのですか？　どんな人間が人間を批判することができるというのですか？　その人はどういう名において云々《うんぬん》するつもりでしょうか？

あとがき

『人間について』は、『ピリュウスとシネアス』の改題名である。

作者は、各項目でそれぞれの論旨を追求しているが、要は、人間の存在という問題に集中され、要約されているので、これは実存主義者の人間論だと言える。

もとより、難問の連続である。いずれも人間の根本的な問題がとらえられていて、私たちが生きて行くうえでもつねに考えねばならぬ題目だけであるが、ボーヴォワール夫人は、懇切に私たちの手をひいて、いちいち、その前に立ちどまらせてくれる。この、立ちどまらせてくれることだけでもありがたいのに、いわんや、夫人の解説によって、その難問が見事にとけた瞬間の快適は比類ない。じっさい、夫人の論理は、その文体と相まって、目がさめるほど斬新《ざんしん》なのだ。

とかく難解の書というのは、難問をこっついて、いよいよこんがらかせるのが落ちだが、夫人の態度は、あくまで明晰《めいせき》に、素朴に、平易に解明しようと努力している。この努力は、健気《けなげ》で、真摯《しんし》で、美しくさえある。そして、ここに彼女の文学――エッセー、小説、劇をふくめての彼女の文学の美質があると言えよう。

小説作品としては、『招かれた女』と、『他人の血』が翻訳されている。そこに取り扱われている他我の関係は、『人間について』の中でひんぱんに追求されている根本問題で、作者は、人間の行為を最後に正当化するのは、他人だとしているのである。

エッセーとしては、すでに日本でもひろく読まれた、あの尨大《ぼうだい》な『第二の性』のあることは大方の知るところであろう。

最近作『レ・マンダラン』は、一九五五年度のゴンクール賞を受けている。ちなみに、ボーヴォワール夫人は、一九〇八年の生れだから、今後の活躍も期待されよう。

一九五五年五月

訳　者

青柳瑞穂訳

モーパッサン短編集（一・二・三）

モーパッサンの真価が発揮された傑作短編集。わずか10年の創作活動の間に生み出された多彩な作品群から精選された65編を収録する。

モーパッサン
青柳瑞穂訳

脂肪の塊・テリエ館

〝脂肪の塊〟と渾名される可憐な娼婦のまわりに、ブルジョワどもがめぐらす欲望と策謀の罠――鋭い観察眼で人間の本質を捉えた作品。

モーパッサン
新庄嘉章訳

女の一生

修道院で教育を受けた清純な娘ジャンヌを主人公に、結婚の夢破れ、最愛の息子に裏切られていく生涯を描いた自然主義小説の代表作。

アベ・プレヴォー
青柳瑞穂訳

マノン・レスコー

自分を愛した男にはさまざまな罪を重ねさせ、自らは不貞と浪費の限りを尽してもなお、汚れを知らない少女のように可憐な娼婦マノン。

ジッド
山内義雄訳

狭き門

地上の恋を捨て天上の愛に生きるアリサ。死後、残された日記には、従弟ジェロームへの想いと神の道への苦悩が記されていた……。

ジッド
神西清訳

田園交響楽

彼女はなぜ自殺したのか？　待ち望んでいた手術が成功して眼が見えるようになったのに。盲目の少女と牧師一家の精神の葛藤を描く。

サルトル
伊吹武彦他訳
水いらず
性の問題を不気味なものとして描いて実存主義文学の出発点に位置する表題作、限界状況における人間を捉えた「壁」など5編を収録。

カミュ・サルトル他
佐藤　朔　訳
革命か反抗か
人間はいかにして「歴史を生きる」ことができるか――鋭く対立するサルトルとカミュの間にたたかわされた、存在の根本に迫る論争。

カミュ
窪田啓作訳
異邦人
太陽が眩しくてアラビア人を殺し、死刑判決を受けたのちも自分は幸福であると確信する主人公ムルソー。不条理をテーマにした名作。

カミュ
清水　徹　訳
シーシュポスの神話
ギリシアの神話に寓して〝不条理〟の理論を展開、追究した哲学的エッセイで、カミュの世界を支えている根本思想が展開されている。

カミュ
宮崎嶺雄訳
ペスト
ペストに襲われ孤立した町の中で悪疫と戦う市民たちの姿を描いて、あらゆる人生の悪に立ち向うための連帯感の確立を追う代表作。

カミュ
高畠正明訳
幸福な死
平凡な青年メルソーは、富裕な身体障害者の〝時間は金で購われる〟という主張に従い、彼を殺し金を奪う。『異邦人』誕生の秘密を解く作品。

バルザック
石井晴一訳
谷間の百合
充たされない結婚生活を送るモルソフ伯爵夫人の心に忍びこむ純真な青年フェリックスの存在。彼女は凄じい内心の葛藤に悩むが……。

バルザック
平岡篤頼訳
ゴリオ爺さん
華やかなパリ社交界に暮す二人の娘に全財産を注ぎこみ屋根裏部屋で窮死するゴリオ爺さん。娘ゆえの自己犠牲に破滅する父親の悲劇。

フローベール
芳川泰久訳
ボヴァリー夫人
恋に恋する美しい人妻エンマ。退屈な夫の目を盗み重ねた情事の行末は？　村の不倫話を芸術に変えた仏文学の金字塔、待望の新訳！

スタンダール
大岡昇平訳
パルムの僧院（上・下）
〝幸福の追求〟に生命を賭ける情熱的な青年貴族ファブリスが、愛する人の死によって僧院に入るまでの波瀾万丈の半生を描いた傑作。

スタンダール
小林　正訳
赤と黒（上・下）
美貌で、強い自尊心と鋭い感受性をもつジュリヤン・ソレルが、長年の夢であった地位をその手で掴もうとした時、無惨な破局が……。

スタンダール
大岡昇平訳
恋愛論
豊富な恋愛体験をもとにすべての恋愛を「情熱恋愛」「趣味恋愛」「肉体的恋愛」「虚栄恋愛」に分類し、各国各時代の恋愛について語る。

ボードレール
三好達治訳

巴里の憂鬱

パリの群衆の中での孤独と苦悩を謳い上げた50編から成る散文詩集。名詩集「悪の華」と並んで、晩年のボードレールの重要な作品。

堀口大學訳

ボードレール詩集

独特の美学に支えられたボードレールの詩的風土――「悪の華」より65編、「巴里の憂鬱」より7編、いずれも名作ばかりを精選して収録。

ボードレール
堀口大學訳

悪の華

頽廃の美と反逆の情熱を謳って、象徴派詩人のバイブルとなったこの詩集は、息づまるばかりに妖しい美の人工楽園を展開している。

堀口大學訳

ランボー詩集

未知へのあこがれに誘われて、反逆と放浪に終始した生涯――早熟の詩人ランボーの作品から、傑作「酔いどれ船」等の代表作を収める。

堀口大學訳

ヴェルレーヌ詩集

不幸な結婚、ランボーとの出会い……数奇な運命を辿った詩人が、独特の音楽的手法で心の揺れをありのままに捉えた名詩を精選する。

堀口大學訳

コクトー詩集

新しい詩集を出すたびに変貌を遂げた才気の詩人コクトー。彼の一九二〇年以降の詩集『寄港地』『用語集』などから傑作を精選した。

堀口大學訳
アポリネール詩集
失われた恋を歌った「ミラボー橋」等、現代詩の創始者として多彩な業績を残した詩人の、斬新なイメージと言葉の魔術を駆使した詩集。

E・ケストナー
池内紀訳
飛ぶ教室
元気いっぱいの少年たちが学び暮らすギムナジウムにも、クリスマス・シーズンがやってきた。その成長を温かな眼差しで描く傑作小説。

サン＝テグジュペリ
堀口大學訳
夜間飛行
絶えざる死の危険に満ちた夜間の郵便飛行。全力を賭して業務遂行に努力する人々を通じて、生命の尊厳と勇敢な行動を描いた異色作。

サン＝テグジュペリ
堀口大學訳
人間の土地
不時着したサハラ砂漠の真只中で、三日間の渇きと疲労に打ち克って奇蹟的な生還を遂げたサン＝テグジュペリの勇気の源泉とは……。

J・ジュネ
朝吹三吉訳
泥棒日記
倒錯の性、裏切り、盗み、乞食……前半生を牢獄におくり、言語の力によって現実世界の価値を全て転倒させたジュネの自伝的長編。

メリメ
堀口大學訳
カルメン
ジプシーの群れに咲いた悪の花カルメン。荒涼たるアンダルシアに、彼女を恋したがゆえに破滅する男の悲劇を描いた表題作など6編。

サガン
河野万里子訳
悲しみよ こんにちは
父とその愛人とのヴァカンス。新たな恋の予感。だが、17歳のセシルは悲劇への扉を開いてしまう――。少女小説の聖典、新訳成る。

サガン
朝吹登水子訳
ブラームスはお好き
美貌の夫と安楽な生活を捨て、人生に何かを求めようとした三十九歳のポール。孤独から逃れようとする男女の複雑な心模様を描く。

サン＝テグジュペリ
河野万里子訳
星の王子さま
世界中の言葉に訳され、子どもから大人まで広く読みつがれてきた宝石のような物語。今までで最も愛らしい王子さまを甦らせた新訳。

テリー・ケイ
兼武 進訳
白い犬とワルツを
誠実に生きる老人を通して真実の愛の姿を美しく爽やかに描き、痛いほどの感動を与える大人の童話。あなたは白い犬が見えますか？

中村能三訳
サキ短編集
ユーモアとウィットの味がする糖衣の内に不気味なブラックユーモアをたたえるサキの独創的な作品群。「開いた窓」など代表作21編。

デュマ・フィス
新庄嘉章訳
椿姫
椿の花を愛するゆえに〝椿姫〟と呼ばれる、上品で美しい娼婦マルグリットと、純情多感な青年アルマンとのひたむきで悲しい恋の物語。

ゾラ
川口篤
古賀照一訳

ナナ

美貌と肉体美を武器に、名士たちから巨額の金を巻きあげ破滅させる高級娼婦ナナ。第二帝政下の腐敗したフランス社会を描く傑作。

ゾラ
古賀照一訳

居酒屋

若く清純な洗濯女ジェルヴェーズは、職人と結婚し、慎ましく幸せに暮していたが……。十九世紀パリの下層階級の悲惨な生態を描く。

メーテルリンク
堀口大學訳

青い鳥

幸福の青い鳥はどこだろう？　クリスマスの前夜、妖女に言いつかって青い鳥を探しに出た兄妹、チルチルとミチルの夢と冒険の物語。

モリエール
内藤濯訳

人間ぎらい

誠実であろうとすればするほど世間とうまく折り合えず、恋にも破れて人間ぎらいになっていく青年を、涙と笑いで描く喜劇の傑作。

ユゴー
佐藤朔訳

レ・ミゼラブル（一〜五）

飢えに泣く子供のために一片のパンを盗んだことから始まったジャン・ヴァルジャンの波乱の人生……。人類愛を謳いあげた大長編。

ルソー
青柳瑞穂訳

孤独な散歩者の夢想

十八世紀以降の文学と哲学に多大な影響を与えたルソーが、自由な想念の世界で、自らの生涯を省みながら綴った10の哲学的な夢想。

新潮文庫最新刊

三川みり著
龍ノ国幻想1 神欺く皇子
皇位を目指す皇子は、実は女！　一方、その身を偽り生き抜く者たち――命懸けの「嘘」で建国に挑む、男女逆転宮廷ファンタジー。

津野海太郎著
最後の読書
読売文学賞受賞
目はよわり、記憶はおとろえ、蔵書は家を圧迫する。でも実は、老人読書はこんなに楽しい！　稀代の読書人が軽やかに綴る現状報告。

石井千湖著
文豪たちの友情
文学史にその名の轟く文豪たち。彼らの人間関係は友情に留まらぬ濃厚な魅力に満ちていた。文庫化に際し新章を加え改稿した完全版。

野村進著
出雲世界紀行
―生きているアジア、神々の祝祭―
出雲・石見・境港。そこは「心の根っこ」につながっていた！　歩くほどに見えてくる、アジアにつながる多層世界。感動の発見旅。

高山正之著
変見自在 習近平は日本語で脅す
尖閣領有を画策し、日本併合をも謀る習近平。ところが赤い皇帝の喋る中国語の70％以上は日本語だった！　世間の欺瞞を暴くコラム。

永野健二著
経営者
―日本経済生き残りをかけた闘い―
中内㓛、小倉昌男、鈴木敏文、出井伸之、柳井正、孫正義――。日本経済を語るうえで欠かせない、18人のリーダーの葛藤と決断。

人間《にんげん》について

新潮文庫　ホ-4-1

昭和三十年六月二十五日　発　行
平成十七年六月五日　六十二刷改版
令和三年九月十日　六十五刷

訳者　青《あお》柳《やぎ》瑞《みず》穂《ほ》
発行者　佐藤隆信
発行所　株式会社　新潮社

郵便番号　一六二―八七一一
東京都新宿区矢来町七一
電話　編集部(〇三)三二六六―五四四〇
　　　読者係(〇三)三二六六―五一一一
http://www.shinchosha.co.jp

印刷・錦明印刷株式会社　製本・株式会社植木製本所

ISBN978-4-10-212401-7 C0198